バカ老人たちよ！

勢古浩爾

夕日新書

まえがき

「バカ老人って何」――

ミもフタもない言い方で申し訳ないことである。

すこしでもミかフタをつけるとするなら、老人バカというと老人全般がバカという意味だが、バカ老人とはあくまでもその中の一部ですよ、という意味である。

ああよかった、じゃあおれは入らないんだと、ホッと胸をなでおろしたそこのあなた。残念ながら、たぶんあなたは入りそう。

そして当然、わたしも入る。

つまり一部といいながら、ほとんどの現代の老人はバカである。だからバカ老人じゃなくて、老人バカでもいいんだけどね。

というのもほんとうの賢老人を、わたしは養老孟司（＊）以外、見たことがないのだ。もちろん市井のどこかにはいると思うのだが、わたしの身の回りにはいない。

（＊）文中、敬称は省略させていただいた。

鶴田浩二が左手を耳にあてて（懐かしい）小首をかしげ、〝いまの世の中、右を向いても左を見てもバカばっかり、世の中真っ暗闇じゃござんせんか〟と「傷だらけの人生」を歌ったのは一九七〇年である。

バカばっかり、じゃなくて、正確には「ばかと阿呆のからみあい」だが、わたしの記憶のなかでは、「バカばっかり」で定着していた。

いまから五十数年前、歌に歌われるほど世の中はバカばっかりだったわけである。この歌がヒットしたことが、当時かなりの共感を得ていたとみなしていい。

もちろん五十年前どころか、人間の世はいつの時代も、つねにバカばっかりである。バカばっかりとは、言葉の綾ではない。

文字通り、人間はバカである。いつの間にか、バカ老人ではなくて、バカ人間にまで拡張している（バカ老人の元はバカ人間なのだ）。

マクロとしての人間（人類）がバカであることは、いまさらいうまでもない。有史以来、人間がしでかした戦争と殺戮の歴史を見てみれば一目瞭然である。

わたしは七十歳を超えてはじめて、人間はほんとうにバカなのだ、ということが骨身にしみてわかったのである。

ミクロとしての人間（個々人）を見てみても、やはり右を向いても左を見ても、バカな人間の存在には事欠かない。

しかしこれには注がいる。

そうはいってもやはり個々人の人間は、圧倒的に善男善女が多い。みなさんが日々体験をしているとおりである。

そうでなければわたしたちは、日々をまともに暮らせるはずがないのである。

だが、バカの存在は強力である。善男善女の存在を帳消しにしてしまうほど、バカ人間の影響力は大きいのである。

ひとりのバカは百人の善良さを打ち消して、不快をまき散らすほどの影響があるといっていい。

人間はだれでも悪をなすことがある、とか、マザー・テレサみたいな神のような人もいる、とか、いいたてれば人間はどうとでもいうことができる。

そんなことはわかっている。わかっていてなお、議論では決着がつかないから、人間はバカであると考えておくのである。

日本人の多くは、やはり基本的かつ相対的には誠実であるといっていい。公平にみて、礼節や気遣いや謙虚さに富んだ良質な国民だと思う。

ヴィッセル神戸で五年間プレイしたイニエスタ（広島東洋カープの「カントリー」こと、エルドレッドも）が、家族ともども日本は住みやすかったと称賛している。しかしかれは有名人である。特別扱いされたことはあるかもしれない。

けれど一般の訪日客も口を揃えて日本人の温和さや親切をいう。日本でも日々凶悪な事件が起きているがどう思うか、と訊いても、それでも笑って「平和だ」という。

おそらくかれらの母国でのそれは、質も量もケタ違いにひどいのだろう。それに母国での自我の張り合いに疲れた外国人には、穏やかな日本は住みやすいにちがいない。外国のホテルでは、日本人客の評価が世界一いい、といわれる。渡辺京二の『逝きし世の面影』で描かれたような日本人の美質は、現在でもかなり残っているといっていい。

しかしそれでも、日本にはバカが少なからず存在する、という事実を日本在住のわたしたちは知っている。

というよりやっぱり、政治家をはじめとして、老いも若きも、男も女もバカばっかりじゃないか、といいたくなる気持ちがある。

海外でサッカーの試合が終わったあと、日本人のサポーターたちが客席の掃除をする公徳心がいまでは有名になった。

向こうのメディアから、こういうときだけ特別にやってんの？　と皮肉られることがあるが、まさにそのとおり。

日本国内ではキャンプ場や河川敷や花火大会後の海岸などで、ゴミは散らかし放題だということを土着日本人であるわたしたちは知っている。

落とした財布が返ってくることはあるが、無人販売の野菜や餃子やラーメンは平気で盗まれる。

温和で謙虚な人もたくさんいるが、いじめも、クレーマーも、セクハラやパワハラもあるということを知っている。

ただ、そんな隠れバカどもの実数は意外に少ないのかもしれないとは思う。

テレビやネットがゴミみたいな出来事まで細大漏らさず報じるようになったため、われわれの感覚が過剰にそういうニュースで荒らされているかもしれないからである。

では、なぜバカ「老人」なのか。

バカ老人といって、老人だけがバカなわけじゃない。日本人の少なからぬ人間がバカなのであり、バカ老人とはそのバカ日本人のなれの果てである。つまりバカ老人は若い頃からバカだったのだね。

その最大の要因が、団塊の世代として、かつて我が世の春を謳歌した連中（わたしは全然謳歌しなかったが、わたしの世代だ）が、いまや後期高齢者として団塊老人になっていることである。

自尊心が高い。で、威張る。反省がない。で、威張る。頭がいいと思っている。で、威張る。結果、リベラルバカになるしかなかったが、それが自慢なのだ。

リベラルバカにならないものは、反対に頭の悪い小権力者になってしまった。これがまたタチが悪かったのだ。

タイトルに「バカ」を冠する本を一番最初に書いたのは『まれに見るバカ』（洋泉社新書y）である。約二十年前、二〇〇二年の出版だった。

その後、「英語バカ」や「ビジネス書大バカ」や「定年バカ」などについて書き、ここにきてついに「バカ老人」である。

集大成ではない。バカ論に集大成などないし、大成するバカもいない。バカが大成してどうする？

コロナ禍が明けて（ほんとうはまだ明けていないのだろうが）、早速新幹線の座席を回して、大声で周囲に迷惑をかけていた四人組のおやじ連中のことがヤフーニュースに載っていたが、こんなバカはかならず出現するのである。

なかのひとりは、おれたちもちゃんとチケット代は払ってるんだからな、とバカ丸出しだったようだ。もういいから、死んでしまえと思う。

こんなバカは、バカ老人予備軍を含めて、軒並みバカだと罵倒して、それで溜飲が下がるかといえば、下がりきらないのが腹立たしい。

コロナが5類になって、世間にはまたぞろ種々雑多なバカたちがうごめきはじめた。そんななか、せめて一服の清涼剤になれば、と頑張ってみた。

バカ老人たちよ！◎目次

第4章　バカ日本人の壁　101

第1章　バカじじいと呼ばれる勇気

ミクロとしてのバカ

ここでは、マクロとしてのバカはとりあえず脇においておこう。われわれの暮らしのなかで、つねに悩みのタネになるのはミクロとしての個人バカである。

最近とくに感じるのは、たぶんパソコンやスマホやＳＮＳの普及で、新種のバカになってしまうものが増えたのではないか、ということだ。それまではふつうの人間だったのに、哀れなことである。

自分の身を隠せること（匿名）をいいことに、他人の誹謗中傷がひどいらしい。わたしは直接被害に遭ったことはない。しかし話を聞くだけで、虫酸が走る。

身元がばれそうになると、慌てふためいて謝罪したりするものもいる。まあどこまでも卑劣な人間である。

そのほかにもカスタマー・ハラスメントなど、諸々のハラスメントが激増している。しかしそれが「カスハラ」とか「アカハラ」などと略していわれる。事態は深刻なのに、もう言葉がバカなものだから、深刻さもぼけてしまう。

それ以外では、タトゥーを入れる人間があきらかに増えた（ほんとうに彫っているにせよ、ただ描いているだけにせよ)。いまやよく見る現象で、ファミリーの若い父親が平気で入れているのだ。

本人は、カッコいい強面ファッションのつもりなのだろう。

空っぽの自我が時代に煽られて、「オレもやってみよう」と膨らんだのだ。

これはせいぜい周囲に不快感を与えるだけで実害はないが、それをいいことに、子どもにキラキラネームをつけて悦にいる親がふつうになってきた。

これも要するに、無駄に膨らんだ自我のアピールと、子どもの私物化や所有化の意識によるものであろう。

わたしは古い人間だから、この小さな二つの行為もバカげたことだと考える。

小事で無害なことではあるのだが、これはくだらぬ自我の発揚ということで共通している。どれも頭の悪い人間が行う、安易な玩物喪志のように見える。

どうしたものか?

と、書き始めたものの、ハタと本来の主旨に気づき、ここで手が止まってしまった。

わたしは、そんな世の中の愚か者たちのことを、「老人」に限定して書こうとしているのである。つまり「バカ老人」である。

バカというと、どうしても一般的なバカを思い浮かべる。

それを「老人」だけに特化するには、さて、どうしたものか？

「バカ老人」というテーマで書こうと思ったとき、まずはそのサンプルを集めなければな、と思った。

最初に思いついたのはやはり街中でキレる老人である。いきなり怒鳴る老人である。社会的地位のある老人はもちろん、地位はなくても、ただ男であることや、歳をとっていることだけで、怒ったり、怒鳴る権利があると思っている老人である。

次に社長や議員や教授など地位のあるパワハラ老人だ。現在ではさらに、それにセクハラ老人が加わる。

これらの事例を集めようとすれば集まる。実際、嫌というほど集まった。しかしあたりまえのことだが、老人ばかりなのである。

どうも老人限定、というのがまずいのだ。

だいたいキレる老人やパワハラ老人やセクハラ老人ばかりで埋め尽くされた陰惨な本など、だれが読みたいだろうか。

皮膚がカサカサしていて、いかにも殺伐としている。全編、嫌な加齢臭が漂っている。

わたしはそんな本は書きたくない。

バカ老人限定。そこで手が止まってしまった。

どうすればいいのか？

老人限定をやめればいいのではないか、と考えた。いきなりの主題放棄だ。タイトルに違背することにはなるが、なにも杓子定規に考えることはない。

それでだれも困るわけではないのだ。そう考えたらすこし楽になった。

四十歳も五十歳もみんなバカ仲間

そもそも老人とは何歳ぐらいをいうのか。

こういう問いもめんどうである。こんなことで揉めてもしようがない。だいたいでいいから、早いとこ決着をつけてしまおう。

わたしの実感で「老人」というと、ざっと七十歳以降の人である。六十歳代はまだ初老だ。五十歳代は壮年で、初老以前。

わたしの経験でいうと、六十歳代は五十歳代の勢いや活力で軽く乗り切れる。

六十五歳などまだまだ元気である。これが前期高齢者だって？　どこがじゃ、といいたくなるくらいだ。

ところが、これが七十歳代になると、一変する。

五十歳代のエネルギーが枯渇するのか、実際、内臓や関節に異変が生じることが多くなり、なんか心身ともに弱ってきたなあと思い始めるのだ。

しかしこれには異論が出るかもしれない。

出て当然だが、おれはいま七十七歳だが元気だぞ、といわれても、そうですかとしかいいようがないのである。

まあ何歳からが老人かはともかく、老人ばかりの陰惨さを避けるために、ここでは五十歳代と六十歳代のバカまでを、バカ老人に算入することにする。

考えてみれば、バカ老人は老人になって、突然バカになったわけではない。ずっと前からバカだったのである。であるからには現在五十歳代のバカが、のほほんと無傷でいられるわけがないのである。

五十歳代、六十歳代のバカは立派なバカ老人予備軍である。

また四十歳代でも、うかうかできない（させない）。かれら若年バカの成れの果てが、やはりバカ老人なのであるから。

バカ、バカと耳障りなことで申し訳ない。

しかし年を取っていく途中で、いくらでも、他人のバカ見てわがバカ直せ、の機会があったはずなのに、その年まで、バカのまま老人になったことは自分の責任である。いつ老人を自覚しようと、バカは直らなかったのだ。むしろ強化されたのか。

いずれにせよ、ここまでバカ年齢を下げて、わたしは一安心である。

このバカはいったい老人なのか、ちがうのか、と悩まなくていいし、なんなら人間はほぼ全部バカだから、もっと網を広げてもいいのである（実際、人間のバカにもふれる）。

加えて、バカの種類もできるだけ多くの種類を揃えたい。

犯罪者のバカにはあまりふれたくはないのだが、最低限ふれざるをえない。

ほんとうは、『ビジネス書大バカ事典』（三五館、二〇一〇）でふれたような、うれしくなるようなバカがいれば最高なのだが、そういう大物が払底しているのも近年の特徴である。

さて、やっと本文に入れる。

古典的、伝統的バカ老人からはじめることにしよう。

バカ老人とはこんな人

ほんとうは、こんな人、などとやさしくいわず、こんなやつでいいのである。だって救いようのないバカなんだから。

どんなやつかというと、例えば「困った老人」とか「キレる老人」とかでネットを検索してみれば、それ関係の老人がいやというほど出てくる。

もともと、バカ老人の存在を最初に世に知らしめたのは、というよりその存在をクローズアップさせたのは、藤原智美の『暴走老人!』(文藝春秋、二〇〇七)である。

そしてその本は、藤原がふたりのキレる老人に遭遇したショックによって書かれていたのである。

一人目は税務署で見た、「大学の教壇に立ち、美術史か何かを講義していた」ような雰囲気をもったおしゃれな「初老の男性」である。藤原は、「初老のじじい」と書いてもいいのに、そこは大人(?)、抑制して書かない。

その「男性」が、一束の医療関係の領収書を抱え、受付の女性に、提出書類の指定欄に貼り付けようと思ったがとても貼り切れないというと、その女性がやり方を二度説明した。しかしかれには聞き取れなかったらしい。

受付の女性は、かれのあとに並んでいる長蛇の列のプレッシャーもあってか、もう埒があかないというように、役所の袋にその領収書を「無雑作に放り」こみ、「これでだいじょうぶです」といったのである。

そのとき、そのじいさんがいきなり「大声で『アンタ！　失礼じゃないかっ』と声をはりあげた」のだ。その場の空気が一瞬にして凍りついた。うしろにいた藤原も含め、その場にいた人はなにが起きたかわからなかった。

男はドンドンと受付台を叩きながら、ロビー中に響きわたる声で怒りをぶつけた。一瞬にして人格が変わってしまったかのようだ。

「いったいなんだ！　お前じゃダメだ、責任者を呼べ」　（『暴走老人！』）

だがこの日、藤原の受難（？）はこれだけでは終わらなかった。税務署の後、藤原は駅前のスーパーに行ったのだが、そこでもまた「六〇代後半か七〇歳を少しすぎた」高齢者が、「左手の拳をテーブルに打ちつけ」「かん高い声をはりあげ」ていた場面に出くわしたのである。

どうやら注文していた品物が約束の日時まで入荷せず、その連絡さえもこなかったということで怒っているようだ。藤原が用事をすませてまたその場所を通りかかると、まだ怒鳴り声はつづいていたのである。

藤原はこう書いている。

いずれのケースも「たしかに文句のひとつもいいたいのはわかる」。

であるにしてもかれらは、なぜ「怒りを抑えることができなかったのかが腑に落ちない」。それに「平身低頭の店員を相手にいつまでも怒りをおさめられないというのは尋常ではない」。

怒るのはわかる。しかし、なぜキレるのかがわからない。

わたしにもわからない。

しかし、かれらはひとたび怒鳴り声をあげると、自分自身で興奮状態になるのである。いわゆるアドレナリンが出るという状態で、いわば怒鳴り声ハイ、になるのだ。これを本人たちは自覚している。

こうなってしまえば、これがある意味快感であり（おれ、やるじゃん！）、万能感にも満たされる。もう理性など役に立たない、のかと思えばそうでもない。

わたしがわからないのは、最初の一声、一怒鳴りがどうやって出るのか、ということである。こういう人間は容易くカッとなるようだが、沸点が異常に低いのである。

たぶん、なにかのハズミである。勢いである。

しかしかれらがキレる理由やメカニズムがわかったところで、なにがどうなるものでもない。どう対処すべきか、一律の答えがあるわけでもない。

確実なことは、そんな連中がいること。そしてかれらに出くわさないよう祈るしかないということだ。

もうバカばっかし

『暴走老人！』が出版されたのは二〇〇七年だが、二〇二四年の現在、そんな老人が減っているどころか、うじゃうじゃいるようである。

わたしが直接かれらを見たりしているわけではない。だがかれらは日本のあちこちで、今日も怒鳴りまくっているにきまっている。

その手の本を開いても、バカ老人の事例は枚挙に暇がないほどである。

たとえば林美保子著『ルポ　不機嫌な老人たち』（イースト新書、二〇二〇）を見るだけでも、多種多様なバカ老人が満載である。

病院内でのモンスタークレーマーや、ホテルで王様気取りで命令する七十歳、ツアーの添乗員を困らせる高齢老人らが描かれる。

駅員を怒鳴りつけ、店員にいちゃもんをつけ、保育園の建設に反対し、除夜の鐘がうるさいと怒るじじいがいる。

わたしがいまさら、新聞やネット記事からサンプルを集めるまでもなかったのである。

それに、そういう事例を集め始めるととんでもないことになってしまう。多すぎるのだ。ちなみにわたしが集めたものでは、以下のようなものがある。

怒鳴ったどころではない。いずれも二〇二二年の出来事で、こちらは単純バカ老人による犯罪である（これも全国からみれば、ほんの一部）。

三月、博多市。「なんじゃオラ！貴様！なめとんのか！開けれ！」

興奮した様子で威嚇する男。前方を走る黒い車。蛇行運転をしたかと思えば、急ブレーキを踏む。この煽り男が逮捕された。自称五十八歳の会社員である。

案の定、この男は「相手の車の前でブレーキを踏んだだけ」「ハンドルがぶれただけ」などと、容疑を一部否認した。

まったく腹立つなあ。やったならやったで、「わたしがやりました」と潔く認めるならまだしも、罪だけは逃れたい卑怯者なのだ。こんなやつのいうことを聞くことはない。即、免許取り消しにすればいいのである。

この男はドライブレコーダーの映像がある。五十八ということだが、六十半ばを超えたじじいに見える。小柄で弱そう。

こんな煽り運転や威嚇おやじが急増してじつに不快である。

ふつうだったら、わたしはこんなニュースは見ない。ただ不快になるだけだからだ。もう救いようのないバカ者の行為でしかないのである。

同月、浜松市内でアルバイト従業員の七十三歳の男が、二十代の女性への強制わいせつ罪で逮捕。

五月、島根県江津市で七十八歳の無職の男が、スーパーマーケットで五十代女性の臀部を切り、顔面を殴打したとして逮捕。ふたりは顔見知りで、男に「金を貸せと言いがかりをつけられ、口論になり暴行を受けた」という。

六月、大阪豊中市で七十四歳の男が女性の腹を刺し、持っていた拳銃で頭を撃った。男は元暴力団関係者だとみられ、女性は六十代から七十代で重傷。もうバカどころの話ではないのである。

七月、神戸市の駅地下街で、無職の六十五歳の男が、五十八歳の会社員にカッターナイフで切りつけた。男は「にらまれた気がして腹が立った」と弁明。

同月、北海道旭川市、乗用車を運転していた七十四歳と、自転車に乗っていた五十一歳が殴り合いをし、警察がかけつけると、双方「激しく怒鳴り合っていて、収まる様子」がなかったため、逮捕。五十一歳は、殴られて眼鏡が飛んだと訴えた。もう子どもの喧嘩と変わりがない。

八月、東京大田区で、八十歳の鍼灸師のじいさんが、治療を装って女性患者の下半身を触った。このじじい、「魔が差してしまいました」と供述。

同月、静岡で八十二歳の会社役員の男、二十代の女性の服を脱がそうとして逮捕。八十代のじじいだからといって、女の人、油断するんじゃないよ。

十二月、札幌で飲食店への入店を断られた七十四歳の男が、店長を殴って逮捕。「男には店のツケが残っているので入店を断ったら、殴られた」

いずれも二〇二二年のほぼ前半に起きた事件が主である。

こういう事例を集めるのに嫌気がさしたのである。もうきりがない。このあとも、現在も似たような事件は無数に起きているといっていい。

こんなのいくら集めてもどうしょうもないのである。

バカだねえ、といって少しでも笑える要素があればまだいいのだが、犯罪ではどうしようもない。ただこいつもバカ、あいつもバカといって終わりである。

しかし、これらのじじいたちは、いずれ捕まると思わないのかね。カッとなって、そこまで考える余裕がないのだろう。

いくつになっても自分が舐められることだけは我慢がならないが、その結果、自分がどうなろうと、そこには興味がなさそうである。バカな勇気がありすぎるのだ。

そもそも来るな、あっちいってろ

これはテレビニュースで見た、あるキャンプ場での出来事である。

芸人のヒロシから火がついたソロキャンプブームだが、それに目を付け、わざわざキャンプ場にまで出かけた新種のバカ男がいるのだ。

二十代後半の女性一人がキャンプをしていた。

夜九時ごろ、ランタンとライトの小さな照明があるだけの暗闇の中で、テント前に男が来て「こんばんは」と声をかけてきた。

女性はさぞかしドキッとしたことだろう。なにが「こんばんは」だ、バカ野郎が。わたしでも驚く。男は五十〜六十代ぐらいで、かなり酒に酔っていたようだという。

老人かといえば、老人ではない。

が、この初老男はこれまでもバカで、これからもどうせろくでもないバカじじいになるしかないおやじということで、見逃しはしない。

「僕あの、キャンパーの輪を広げたり…」

暗がりの中で男が、声をかけた理由を説明してきた。

女性は、「あ、そうなんですか？」とわざと素っ気ない返事をするが、男は「教えてほしいことがある」といい、しきりに「怪しい者じゃないです」と引き下がらない。

何度でもいうが、バカ野郎である。夜の九時にそんな場所で女の人に声をかけること自体が十分に「怪しい」ことに気付いていない。

いやわかっているのだろうが、「怪しい者じゃない」といえば、それで怪しくなくなると思っているところが、いかにもバカである。

男が「よかったら、ＬＩＮＥ交換しませんか」と女性に求める。なにが「よかったら」だ、このなめくじ野郎は。

言葉だけはまだ丁寧だったらしい。女性は、「いや、しないです」とはっきり断り、「警察呼びますよ」と警告した。

しかし男は、「なんで警察呼ばなあかんの？」と口調が一転。そろそろ焦れてきて、言葉もぞんざいになる。

「ナンパしに来てるんですか？」

女性が聞くと、男は「どこがナンパなの？」と逆ギレ気味だが、会話の仕方がバカである。女性が「ＬＩＮＥ交換しようって、ナンパですよね」といい、男のキャンプ場所を確認しようとした。

その後も、二人の間でやり取りが続いたらしい。男は「分かった」「嫌だったら嫌でいいよ」「感じ悪いよ、君」とイラ立った。

女性が気丈に「そっちが話しかけてきたんだろ？」とやさぐれ口調でいい返すと、男は「なんだ、てめえ」「何が警察だよ」と声を荒げ、本性を現した。

「じゃあ、離れろ。別に、オレは興味ないから」。近づいてきたのはこのなめくじだが、彼女は「興味なかったら、声かけるの止めてもらっていいですか？」と冷静だ。

男は完全に破綻して支離滅裂になっている。いうに事欠いて「オレ、君に興味ないから」と捨て台詞。

書き写していて、だんだんと不愉快な気分になっていく。

いったいどうしたらこんな男になり、どうしてこんなやつが発生するのか、さっぱりわからない。

しかしこの程度で済んでよかった。

この男は、話しかければどういう会話になっていくと思ったのか。女性に受け入れられ、思いどおりに進むと思ったのか。よく声をかけたもんだ。

こいつも「しないで後悔するより、して後悔したほうがいい」派なのか。

何かで一躍有名になった八十代のばあさんがCMに出て、「やっぱりバッターボックスに立たないと。立てばそこから何かがはじまるんですよ」とどこかで聞きかじってたことをいっていたが、このなめくじ男も、バッターボックスに立とうとしたのかね。

で、ボールにかすりもしない三振をしたわけだ、この「たァけ」（＊）は。

（＊）井原忠政の「三河雑兵心得」シリーズの主人公茂兵衛の得意のセリフ。たわけ者。

彼女はこういっている。「野営地でも、キャンプ場でも、女性をみると、話しかけたがる男性は必ずいます」

そう、女性がひとりでいるところには必ずいる。

全部が全部、悪意をもっているわけではなかろうが、旅先でも本屋でも喫茶店でも飲み屋でも寄ってくる男はいる。

「誰かが助けてくれるだろう、なんて軽い気持ちで野営地ソロキャンプはしていないし、自己防衛はしてきたつもりですが、あまりのしつこさ、女性を怖がらせている自覚がまったくない年配男性には腹立たしい気持ちでいっぱいです」

なかにはいい人もいる、などとつまらんことを考えずに、ほとんどが「あわよくば……」と舌なめずりをしているバカ男だと思ったほうがいい。

相手が老人だからと信用してもいけない。なんの人間的成長もない、ただのエロじじいの場合がすくなくないからである。

議員先生たちがひどい

それはちょっといいすぎでは、と思われるだろうが、もちろんいいすぎである。だが、いい人もいっぱいいいるよ、と考えてなにかいいことがあるかね。

なまじっか仏心を出したばっかりに、取り返しのつかない目に遭うことは、よくあることではないか（そこを狙っているやつだっている）。

男は何歳になろうと、どいつもこいつもバカばっかし、と思っていればいいのである。実際にそうなんだから。バカ男は社会的地位など関係がないのだ。

二〇二二年一月、七十二歳の元川越市議が三十代の女性職員にセクハラやらパワハラを行い、一一〇万円の賠償命令が出された。元市議は事実無根として名誉棄損で逆に訴えるという悪あがき。

同年二月、六十四歳の木更津市議が、酒に酔い駐車場で車をあちこちにぶつけて逮捕された。まぬけな、レレレのバカおじさんである。

同年七月、五十六歳の千葉県市原市議が女性職員を食事に誘ったり、携帯番号を教えてとしつこくつきまとって逮捕。

村議、町議、県議、国会議員のセクハラやパワハラがほんとに多い。右の諸事例とは別の、ふたつの事例をすこし詳しく見てみる。

ひとつ目は千葉県の長生村というところで起きた事件である。

二〇二三年四月、七十七歳の村議会の議長が、公用車で歓送迎会から帰宅する際、運転をさせた村の二十七歳の女性職員の腕を後部座席から殴ったり、髪の毛を引っ張ったり、シートベルトで首を絞めるといった狼藉を働いて、全治二週間のケガを負わせた。

なにが原因でこのじいさんがこのようなことをしたのかわからない。

当時、議長の隣に座っていた副議長は「(暴行を)見ていない。気づかなかった」と、いった。この男は七十二歳だ。情けなくて、まったくどうしようもない。

議長は傷害罪で略式起訴され、罰金二〇万円を納付した。また議会から二度議員辞職勧告を突きつけられていた。

長生村関係者はこういっている。

「議長は事件翌日の土曜日、議会事務局長に頼み、女性職員を呼び出したそうです。その際、女性職員の様子がおかしかったことから、週明けに1万円の商品券を手渡しています。

『迷惑をかけ、運転で世話になったから』と弁明していましたが、口止め料と受け取られても仕方ない。被害に遭った女性職員は事件以降、食事も喉を通らず、自分1人ではシートベルトもつけられないほど、精神的ショックを受けていました」

この議長は自宅に送り届けてもらった後、深夜にもかかわらず、女性職員に電話をし、なおもそこで卑猥な発言を何度も浴びせ、その音声通話データがあると知ると、そのデータが入ったＵＳＢを手に入れ、破壊したというのである。

もうわけがわからないのだ。無茶苦茶である。このバカ議長、六月に議員辞職をした。そもそもなんでこの男、議員に当選したんだ？

ふたつ目は岐阜市のセクハラ町長である。今年五月、岐阜県岐南町というところで、七十三歳の町長のセクハラ騒動が起きた。ただこれはよくあるような露骨なセクハラではない。女性職員に対して「下着のラインが見える」と指摘したり、すれ違う際に下半身を触った、スカートをまくって見せろ、といったなどの疑惑である。十分、露骨か？

細かく追及されると「(手の)甲で1回だけ(触った)」「『ちょっとどいて』とはやりましたが、それが尻かどうかは分かりません」「(胸元が)『見えるから深い服を着て来い』とは言いました」

昔ならこんな程度のことは大問題にはならなかったものだが、いまではアウトである。露骨じゃなきゃいいのかということではないのだ。

「私は常にスキンシップを取ってました」ことも明らかにし、常習犯だということを白状してしまっている。この手の男がかならず言い訳に使う言葉が「スキンシップ」である。腹立つなあ。

あげくの果てがこうである。

「嫌なら嫌とはっきり言ってもらえればよかった。何もなかったもんで」なんだ、しょっちゅうやってるんじゃないか。なんか痴漢の言い訳みたいである。常にちょこちょことやっていたが、だれも嫌とはいわなかったので、調子に乗ってしまったのである。ただこの町長の腹づもりでは、ちゃんと計算したうえで、たとえ発覚してもいい逃れができる程度の触り方をしていたんだろう。

わたしもなにを推測してるんだ。

この男は、真には悪いことをしたと思っていない。「一気に地獄に落ちました。まあ、住民の顔見るのもつらく、下向いて歩いていますけども」

ここに至っても、ふざけているのである。世間を舐めくさっているのだ。

「おれは町長だから、いいだろ」

次の言葉のなかにこの町長の本音が示されている。

え？　まだこの話題を引っ張るつもりなのか？

もういいよ、こんなバカ町長のことは、と思うあなたは正しいですが、もうすぐ終わりますから。

町長はこういっている。

「本当にねぎらいのためにやったことで『いいよ』と言ってくれたと思ったんですよ。『町長さんだからいいよ』と、それに甘えたのが失敗だった。『時代錯誤も甚だしい』と言われたが、僕は決していやらしく触ったわけではないんです」

ばかだねえ。有名人や芸能人が次々出てくる時代に、たかが町長ごときに、だれが「町長さんだから（触っても）いいよ」と思うか。

だけどこの男の中では、いまだに町長は偉く、職員相手なら少々のことは大目にみてもらえると思ったらしい。

岐阜県岐南町は人口二万六千人ほどの町である。

しかし町長といえばやはり、わたしたちが想像する以上に、町一番の権力者であろう。中小企業の課長でも威張ってしまうのである。駅前の自転車整理員でも威張ってしまう。人は権力をもってしまうと、よほど自戒しないと、バカになってしまうのだ。

銀行員から宗門の世界に入った、若い僧侶河野裕韶《ゆうしょう》がこう書いている。銀行員として家庭訪問の営業をしたときは門前払いだったのに、僧侶として訪れたときは大歓迎をされて「大きな衝撃を受けた」。同時に怖さも感じた。ひとつは、自分自身はまったくおなじなのに、「恰好や背景が違うだけで」対応がまるで違うこと、である。

もう一つはこの大歓迎されること、お布施を下さること、先生と呼ばれることに慣れてしまうと怖いとも思った。これからそのような環境に身を置くことになるが、いつまでも自分を戒め、謙虚でいなくてはいけないと思った。人間はすぐに環境に慣れ、それに甘え、傲慢になっていく生き物だと思う。（略）私自身が偉いのではなく、偉いのは仏法やお寺であるということを忘れてはならないのだ。

（河野裕韶『癌封じの寺　大安寺の３６５日』西日本出版社）

たかが町長になったくらいで（国会議員でもおなじだが）、なにをしても許されるはずだと、偉くなったつもりのじいさんたちはこの青年のいうことを聞くがいい。

三十代半ばの青年でさえわかっているのに、じいさんたちはどうしようもない（ちなみにこの本はめっぽうおもしろい）。

一切の肩書きを外してみれば、老人がただ歳を取っただけの、ただのしょうもない男だ、ということがわかる。要するに、馬齢を重ねただけの男。

町議会は町長に対する辞職勧告決議案を可決した。しかし町長はなんだかんだごねて、まだ辞職してないようである。

周りもよくない。権威や権力に恐れ入り、あまりにも従順すぎるのだ。だからちやほやされて調子に乗るバカが後を絶たないのである。

二〇二三年春の統一地方選挙で、維新の会が新人議員の研修をやった。そこでつぎのように釘を刺した。

「社会人として当たり前のルールやマナーを徹底してほしい」。「役所の人たちは『先生』と議員を持ち上げるが、決して調子に乗らないように」と。

あたりまえのことである。しかしよほど自覚してないと、人はこういう勘違いをしてしまう動物である。

トカゲみたいに気色悪いバカ

ところで、こういうバカおやじがいる。

ヤフー知恵袋にこんな投書をしたバカがいるのだ。気持ちが悪くてしようがない。この男はまだなにもしてはいないが、存在じたいが正真正銘のバカおやじである。

「ドルーリー朱瑛里《しえり》と本気で結婚したいのですが無職の低スペックじゃ無理ですかね？

もし結婚できるとしたら何%くらいの確率だと思いますか？

ちなみに僕、年齢48歳、身長１６８cm、体重78kg、年収10万、実家暮らし。

特技、アニメに詳しい、ホラー映画に詳しい、古畑任三郎に詳しい、ワンピースに詳しい。やはり厳しいかな……」

ドルーリー朱瑛里とは、二〇二三年現在、高校一年生の美少女で、将来有望な中距離の陸上選手のことである。

二〇二三年一月に行われた全国都道府県対抗女子駅伝で、十七人抜きをやってのけ、一躍将来を期待された選手だが、カメラを持ったバカどもが学校に殺到したりして、練習できないと問題になった（https://www.rikujyokyogi.co.jp/archives/91028）。

この相談者の男は年齢四十八歳。「本気で結婚したい」とは、なんとも気色が悪いことである。「やはり厳しいかな」と自分でわかっているのだが、「かな」が怖い。

行く行くはバカ老人確定である。

どうなろうと当人の勝手だが、余計なことをしないでもらいたいものである。まあ大丈夫だろうとは思うが、こいつがまた「ノーアタック、ノーチャンス」などと、レーシングドライバーの佐藤琢磨みたいなことを考えないことを祈る。

かと思えば、こんなニュースにも遭遇した。

世間の知らないところでこんな女がいて、それにひっかかるこんなバカおやじもいるんですな。

九月、「頂き女子りりちゃん」と呼ばれていた住所不定で無職の渡辺真衣容疑者が再逮捕された。二十五歳ということだが、テレビでは人形みたいな顔写真も出ていた。

この女がマッチングアプリで知り合った五十歳の男に、「知人から借金をし、払わなければ風俗店に体を売らなければならない」などと嘘をいい、現金約二七〇〇万円をだまし

頂き女子りりちゃん（YouTubeより）

取った疑いで再逮捕されたというのだ。

あーおどろいた。なんと二七〇〇万円！

再逮捕というのだから以前も捕まっているのだ。どうやら「頂き女子りりちゃん」の名前で現金をだまし取るマニュアルを販売したなどの疑いらしい。

金を騙し取られた被害者は複数いるようで、中にはバカなことに一億円以上を取られたものもいるらしい。

もーほんとバカ。最果てのバカである。

いったい「頂き女子りりちゃん」って、どこで流通してたんだよ。

しかし被害者たちはよくもそんな大金を持っていたものである。そっちに感心する。高くついた助平心である。だれからも同情はない。

第2章　進撃のバカ老人

バカ老人の最高峰はこの男だ

バカ老人の最高峰？

だれだ？

もったいぶらず、すぐいってしまう。

黒岩祐治神奈川県知事である。

二〇二三年四月に『週刊文春』にすっぱ抜かれた不倫下司メールで世間を騒がせた。

わたしは昔から、この男が好きではなかった。

もう十四、五年前になるか、たまに日曜日の早朝に起きたり、土曜から徹夜明けしたりしたときに、たぶんフジテレビの「報道２００１」という番組だったと思うが、キャスターを務めていた黒岩を何度か見た。

番組では毎回政権政党の政治家を呼び、政策の疑問点を糺すという趣向が売りだったようである。黒岩はそのつど「おれは他の甘っちょろいキャスターとは一味ちがうぜ」といわんばかりの態度で、議員に食ってかかっていたのである。

「議論では負けねえよ」という自己アピールが露骨で、なんだこいつは、と気に食わなかったのである。

黒岩には、俺はアナウンサーじゃなく、報道局の政治部記者だぞ、という思いあがった意識があったのだろう。が、自分の頭のよさをひけらかしたいだけのけんか腰の姿勢に、こいつ、バカじゃないのかと思ったのである。

ところが黒岩はこのとき、なんと独身の会社員で一回り年下のA子さんと不倫の真っ最中だったのである。

A子さんはこういっている。

「〝政治家より自分のほうが偉い〟という自信に満ち溢れていましたね」

やっぱりな。そんなところにも彼女は「魅力」を感じたのだという。そして当時、黒岩はこうもいっていた。

「黒岩さんは、番組が終わった後『一視聴者のフリをしてフジテレビに俺を褒める電話をかけてくれよ』と頼んでくるのです。私がそれを実行すると大喜びし、『今日はやったか?』と言って度々やらされるようになりました」

彼女にいいところを見せたかったのだろう。

しかし黒岩の四選がかかった神奈川県知事選を間近に控えていたとき、『週刊文春』（二〇二三年四月一三日号）が黒岩の、二十年前の十一年間に及ぶ不倫を報じたのである。

わたしは当時、その記事を見ていない。

おそらく見出しだけを見て、わ、やっちまったなあ、バカだねえこの男は、と思っただけだったはずだ。

それで今回、バカ老人の最高峰はどこかにいないかと探したとき、忘却の彼方から黒岩知事が一気に浮上してきたというわけである。

不倫だけなら、最高峰でもなんでもない。掃いて捨てるほどある。仰天したのは黒岩がＡ子さんに出した数々の猥褻メールの中身である。

こんな恥知らずなメールが公開されたのは前代未聞である。記事の見出しは「黒岩知事〝11年不倫〟ＡＶプレイと卑劣な別れ」である。

ふたりはどういう関係だったのか。

「この時も、黒岩さんはまず部屋で私が作っておいた料理を食べていた。そして、いつもの通り、事前に『買っておけ』と指示したＡＶを観て、気分が高まってきたところで私に覆い被さり行為に及びました」

そんなこんなの十一年間に、黒岩はＡ子さんに五〇〇通もの陋劣《ろうれつ》で卑猥なメールを出していたのである。

まあ、見てください。

「本番前のホンバン?バッカァ〜!!生放送の前のナマだよ〜!!ニュルニュル〜」

「北朝鮮!ミサイルでもぶっ飛ばしてくれねえかな〜。雨にも負けず、遊びほうけてる奴らに平和の意味を教えてやらんといかんなあ〜。放送では絶対に言えないから、A子だけに本音を放出! ドッピュー!!」

「メリークリトリス!あれ?なんか変?日曜朝の本番終了後、また本番!ヨロピク!!」

「A子は日陰者じゃないけど、いつも『すごいエネルギーたまってる』し、『感じ』やすいよなあ〜。エックス線でもあてたろか?なに〜、セックス線だって!ばっかぁ〜っ!また言っちゃった!なにまたイっちゃった!?」

くそ、この男、腹立つなあ。

「メリークリトリス!」なんか書かせるんじゃないよ。ほかにはまだ、ここに書き写すのも憚られるものもあるのだ。

これが早稲田大学政経学部卒、フジテレビ報道局政治部記者、国際医療福祉大学大学院教授を務めた黒岩祐治という男の本性である。一皮むけば、下衆中の下衆。

どう? 社会的地位もあるインテリなのに、この下衆っぷりは? このギャップが可愛いくてたまらんのじゃないの? といわんばかりのアピールが愚劣である。

不倫をしたことはしかたがない。しかし私信とはいえ、こんなメール書くかね。よくいまもまあ、あのシレッとした空豆顔で生きてるな、と思うが、こんな厚顔でなくては、テレビ局員も政治家も務まらんのだろう。

こんな記事を公表されると知った黒岩は、よく心臓が止まらなかったものだ。全身冷水を浴びせられたような衝撃で、一瞬、終わったな、と思ったことだろう。

しかし彼女は彼女で、「話が面白くて、優しくて、魅力的」な黒岩との逢瀬を喜び、卑猥なメールも「楽しんでいた」のである。どっちもどっちだ（彼女も似たようなメールを返したにちがいないのだ）。

ただ初の県知事選に当選したあと、Ａ子さんとの関係を一方的に切ろうとした態度がひどかった。軽くあしらえるだろうと舐めたのか、黒岩は一変した。

「遊びだったんだよ！」

Ａ子さんは「私は本当に捨てられたんだな」と恨み、この挙に及んだのである。

だが、いつものごとく、世は事もなし。

多少の批判票はあったものの、結果、黒岩祐治は四選を果たし大勝。変化を望まぬ県民により地位は安泰、家庭も安泰（？）であった。

が、黒岩の額に刻印された「ニュルニュル男」の文字は生涯消えない。

県知事としての勢いはそれなりに減殺されるだろうが、表面上、地位の安定度は当分大丈夫のようだ。

クソニュースとマスゴミ

ところで、このようなスキャンダルを書くことは、なにかおかしくはないか?

「本番前のホンバン?バッカァ～!!生放送の前のナマだよ～!!ニュルニュル～」とか、くそみたいな文を書き写しながら、自分でなにやってんだ、と思った。

こんなものを読まされるほうも、俗な好奇心からいえばおもしろかろうが、けっして気分のいい話ではなかろう。黒岩がただのくだらん男というのはわかったが、わかってどうした? それで終わりか、と思ったのではないか。

そう、それで終わりなのである。

わたしも、自分でなにやってんだ、と思って終わりである。

わたしは七十歳前後から、ただ不快になるだけのニュースは不要であると考えるようになった。それで極力見ないようにした。新聞も夕刊はやめた。

いまではそれがもっとひどくなり、毎日、新聞やテレビやネットで垂れ流されるニュースの大半が不要ではないかと思うようになった。

毎日発行されている新聞、朝昼晩に放送される各テレビ局のニュースやワイドショーが垂れ流しているニュースの九割はいらない。

それはわたしが、社会から完全に足を抜いた後期高齢者だからいえる暴論かもしれないと考えてみた。しかし、いや五十歳頃の現役だとしても、いやたとえ社会に出始めの二十二歳頃だと仮定しても、ニュースの大半はいらないという結論になった。

あたりまえのように報道機関があり、報道局がある。そこで働く人間はジャーナリストとか記者と自称し他称され、社会のエリートだとみなされる。

しかしそうか？

ただの虚構の価値（報道の自由、知る権利）に思いあがった傲慢な人間ではないのか。

かれらの記者会見のザマを見るがいい。

また、かれらの仕事は世界の事実を伝える重要な仕事だ、とだれも疑わない。

しかしほんとうにそうか？

かれらは「真実」など、ほんとうはどうでもいいのだ。

自社を売り込み、自分を売り込み、同業他社とのつまらぬ競争に目の色を変えているが、所詮は、称賛を得るためのただの仕事である。ニュースはすべてただのネタだ。

そんなことで報じられる事実の九割を知らなくても、わたしたちは十分生きていけるのである。

毎日毎日、新聞が刷られる。ただの慣性である。よくやるものだ。

新聞のすべてのページがジャンルごと、文字で埋め尽くされる。読者は読者で、何紙も購入し、義務のように読んでいる者がいる（＊）。

（＊）中江丑吉が北京に住んでいたとき、軍人やら新聞記者たちが今後の国際情勢がどうなるか、聞きにきたという。中江が格別に情報通というわけではなく、新聞を何紙も読んで得た知識があっただけである。

これを読んだとき、大したものだと感心したが、いまでは、だからどうした？　と思う。

吉田茂が首相だったとき、かれが野《の》村胡《むらこ》堂《どう》の捕物帳を読んでいるというと、「新聞でさんざん低級趣味であるかのようにからかわれた」という（司馬遼太郎『街道をゆく36 本所深川散歩、神田界隈』）。

新聞記者たちの思い上がったエリート意識が鼻につく。

わたしがK通信の面接を受けたとき、事前の調査票に「感銘を受けた書物」みたいな項目があった。

『論語』だのそれらしき書名を書くのもおもしろくなく、檀一雄の『夕日と拳銃』と書いたら、居並ぶ二十人ほどの面接官から失笑されてしまった。

ひとりくらいはおもしろがってくれる人がいるかと思ったのだが。

わたしも大学入学で上京したとき、ちんぴらみたいな新聞勧誘員といい争いをしながら、それでも新聞はとるものだと思い込んでいた（思い込まされていた）。

テレビ局のアナウンサーは当然のごとく、「最新のニュースをお知らせします」といい、「気になるニュース」はこれです、と自分たちが勝手に「気になる」ものを選んでいる。

見出しを一見すると、重要なニュースばかりに思える。そのように思うように刷り込まれているのだ。

いやたしかにくだらんニュースもあるが、やはり政治・経済・社会は大事でしょ、といわれるだろう。けれどもわたしはその大半が不要だというのである。

防犯カメラの普及や、スマホのカメラ機能や、ユーチューブ（YouTube）の拡大によって、いまではなにからなにまで、映像に残るようになった。

それをテレビ局のさもしいアホたちが、見捨てるのはもったいないと、味噌も糞もなんでもいいから垂れ流すようになったのである。その大半が不要なのは当然ではないか。サルの大捕り物を延々写したりしているのだ。

まあ見ればおもしろい。人間には好奇心も俗な興味もあるからだ。

だがサルの捕り物も「ニュース」なのである。バカじゃなかろか。

ニュースを読んで、わたしたちができることは、ただ知ることだけである。

たとえばガザの病院爆発四七一人死亡、参院選一票の格差「合憲」、中国「ＧＤＰ４・９％増」、東京二三区上半期新築マンション最高値、電車でスプレーをまいた男確保、ロシア外相、金正恩総書記と会談、中国で邦人逮捕拘束の長期化必至、レンタカーに女性の遺体……。

こんなことを知ってどうする？

知るのは社会人としての義務だ、という気がするのだが、これは刷り込まれた意識である。実際多くのことを知って、なにをどう受け取ればいいのか。

ある種のニュースを避けることに罪悪感がある。それもまた刷り込まれた意識である。しかしそれを払拭するには多少のエネルギーがいる。

記者や報道は、なぜ毎日書き、報道するのか。農家や漁師とおなじ、ただの仕事だからではないか。報道がよくいうのは、国民の「知る権利」である。

わたしはそんなもの欲したことがない。

黒岩県知事がなにをしようと、ほんとは知ったことではないのだ。

わたしたちに必要なニュースは、身体生命の安全と、家計の維持と、財産（そんな大げさなものはないが）の保全に関することだけである。

その意味で最低限、天気予報と、地震速報と津波速報と、台風予想があればいい（あの頭が狂いそうになる音のアラートはいらない）。あと交通情報と、感染の疾病情報と、クマの出没も地域によっては必要である。

しかし九割のニュースはいらないといっても、テレビや新聞がなくなるわけではない。とするなら、自分で避けるしかない。

それに逐一テレビでニュースを見ても、専門家とやらの解説を聞いても、池上彰の番組を見ても、新聞を何紙読んでも、全部忘れる。どんな大きな事件も忘れ去られる。神奈川県民も「ニュルニュル」はとっくの昔に忘れている。

意味はないのだ。

世界の惨事を見るまでもなく、われわれの身の回りにも、ひどすぎる事件がある。知って、ただただ不愉快になるだけである。

ここまでさまざまな実録バカのことを書いてきた。

これから書くことになる散弾銃男もそうである。ほかにもひとつ、ふたつ書くことになる。しかしこの手のものを書くのは、そろそろ終わりにしたい。

あまりにもバカすぎる

もうどうしようもないバカ。バカという程度では収まりきれない悲惨な事件があった。覚えておられる方もいるだろうが、思い出したくもない事件だ。

二〇二二年一月、埼玉県ふじみ野市の民家で起きた発砲・立てこもり事件である。

自宅で九十二歳の母親が亡くなった。

六十六歳の息子がかかりつけの医師とそのスタッフたちを「線香をあげてほしい」と自宅に呼び出した。死後、三十時間以上経っていた。

この男はふだんから、病院で診察の順番を待つ間に「自分の母親を先に診ろ」と騒いだり、「この薬を出せ」と恫喝したりして、トラブルだらけの人物だった。

「線香をあげに来い」など非常識も甚だしい要求だが、ことを穏便にすまそうとしたのだろう、医師らは七人で男の家を訪れた。

ところが男はとんでもないことを要求した。

「生き返るかもしれないので、心臓マッサージをしてほしい」と蘇生措置を要求したというのだ。こういうやりとりを伝える記事もある。「おい、僕のママを生き返らせろ」「無理だよ、死んだ人は生き返らない」

そこで男は散弾銃を三発発砲したのである。四十四歳の医師は死亡し、四十一歳の理学療法士の男性は重傷だった。

男は「母が死んでしまい、この先、いいことがないと思った。自殺しようと思ったときに先生やクリニックの人を殺そうと思った」と供述している。

最初から医師たちを殺害するつもりだったのである。

この男は十一時間立てこもったが、警察が突入し、逮捕されている。逮捕されたときの写真がある。実際は六十六歳だが、七十半ばくらいの悪相の、荒んだ老人に見える。

亡くなった医師の勤務先には多くの地域住民たちが献花に訪れた。かれはだれからも愛される「熱血医師」だった。

理不尽というにも、あまりにもひどい。

が、世の中ではこういうことが生じる。

無茶苦茶で、だれもどうしていいかわからない。

自然の力によるものならまだあきらめもつこうが、人為によるものは、怒りも悔しさも苦しさも、どこにも持っていきようがない。どうにもならない。

ただただ耐えるしかない。

こういう不幸はなくしたいとわたしは思うが、なくならない。

なくする方法もない。

わたしはこの男を理解しようとはまったく思わない。

心の闇もへちまもない。ただのアホである。だがそういって、なんの意味もない。

しかしこの男については、こういうことがわかっている。

こんなことを書くことに、意味があるのかどうかはわからない。

二〇二〇年の八月、男は友人に「タイガーマスクの番組をどうしても観たい。ダビングしてもらえないか」と頼んでいたというのだ。

男がどうしても見たかったのは、二〇二〇年八月にNHK‐BSプレミアムで放送された「アナザーストーリーズ　運命の分岐点　タイガーマスク伝説～愛と夢を届けるヒーローの真実～」という番組だった。

一九八〇年代に覆面レスラーとして一世を風靡したが、現在は重い病と向き合っている初代タイガーマスク・佐山聡《さとる》の葛藤を描いたドキュメンタリーである。

その友人によると、何度も電話がきて、「値段いくらになるか分かんないよ。三万ぐらいかかるかもよ」というと、「三万でもお願いします」といったという。最終的には手に入らず、「諦めたようでした」（https://bunshun.jp/articles/-/51810）。

記事は、その友人の「きっと病気で弱っている自身の母親とタイガーマスクとを重ね合わせて、プロレスラーの闘病生活に希望を見出そうとしたのでしょう」という推測を伝えているが、無用な情報である。

しかし、こんな男にも友人がいたのである（この男を擁護するつもりはまったくない）。

その後の記事をわたしは追っていないので、この男がどんな半生を歩んできたのかわからない。母親の年金で暮らしていたらしい。

男は二丁の散弾銃を所持していた。厳正な審査があるはずなのに、なぜ所持できたのかもわからない。

事件そのものが無意味である。

だが人が死傷した。犯人の男はまだ生きている。なぜ自分の頭を吹っ飛ばさなかったのか、と思うが、この種の男はそういうことはしない。

わたしはなにもわからない。

バカの極北

コロナ禍ではじつにさまざまなバカが噴出した。

自粛警察、マスク強要バカ、帰省してきた家に「帰ってくるな、そういうこともわからないのか」の貼り紙をした貼り紙バカ。

もうちょっとしたことでも、「コロナ」の大義名分で難癖をつけるやつらである。マスクをしろという難詰派にも、おれはマスクなんかしないという抗弁派にも、双方にバカたちは存在した。

マスクを強要するのもバカだが、おれは絶対マスクをしないと飛行機のなかで騒ぎ、市議会のなかでも騒いだ男がいた。

これまで何事につけても自分の原則を貫いて生きて来たとは思えないクソおやじたちが、マスクに関しては徹底抗戦したのである。

こんなバカがいたのかと思ったのは次のふたりである。バカの成れの果て。バカの極北といっていい。

二〇二二年六月、奈良県桜井市の路上で、小学六年の男子に土下座をさせた容疑で六十四歳の警備会社の男が逮捕された。

男は「子供が土下座したことは間違いありませんが、それは、子供が勝手にしたのです」と容疑を否認。酒を飲んで酔っ払った状態だったらしい。

これは子どもにマスクをつけろといったわけではない。原因はわかっていない。

この男がバカなのは、子どもが勝手に土下座をしたという弁解が通用するとおもっているところだ。いったいどこの世界に、勝手に土下座する子どもがいるかね。

力の弱い相手に、なにか自分の力を示したかったのであろうか。やっていることはつまらぬことだが、バカ度は最大である。六十四歳というのがすごい。

もうひとり、似たようなバカがいる。

同年九月、こちらは三重県鈴鹿市の無職の六十二歳の男である。

そいつが下校中の小学生に「マスクをつけていない」などと因縁をつけて殴り、全治二週間の傷害罪で逮捕されたのである。

歳恰好といい、やったことといい、しかも相手が子どもだということといい、酷似している事件だ。男は「よく覚えていない」と否認したという。

こんな情けないことをしておいて、この期に及んで助かろうという根性が、まさにコロナバカにふさわしいバカさ加減である。

どう考えても、この男たちの動機がわからない。わかったところで、なにがどうなるわけでもないが。

バカの極北は前記の散弾銃男という気もするが、あの男はバカという範疇を超えていて、モンスターじみている。ゆえに、もっと手元のバカで、まぬけで、どうしようもなく情けない、バカの極北はこちらにあるといいたい。

まあ、どっちでもいいや。

いずれも六十代前半で、バカ老人というにはちょっと足りないが、バカ老人の先取りをしていて、もう立派なバカじじいである。

こういう男たちが心を入れ替えて、それ以後立派なじいさんに更生するかといえば、その可能性はほとんどない。

かれらは更生しなくてもいい。おとなしく生活をしてくれればいいのだが、こんな、成れの果てじじいは死んでも直らないのではないかと思う。

このバカの極北の連中のこともまた、「知って」も意味はない。実際、これを読んでどうしますか。

ただ不快な気分にさせただけではないかと、お詫び申し上げたい。

おまえが悪いと指摘されると、腹が立つ

もう数例挙げてみる。これで陰鬱な実録バカシリーズは終わりです。

二〇二三年一月千葉県匝瑳《そうさ》市で、なんと九十三歳の男が近所に住む七十八歳の男をハンマーで何度も殴り、殺害した。

二〇二三年一月北海道旭川市で、七十四歳の男が除雪をめぐって六十代の男と口論にな

り、ツルハシで殴打した。殴られた男は命に別状はなかった。

二〇二三年七月横浜で、アパートの二階の七十八歳の男が、一階に住む七十代の男を模造刀のようなもので襲った。騒音をめぐるトラブルだったらしい。男は自室に往生際悪く八時間閉じこもり、「捕まったらしょうがない」とうそぶいた。

犯罪の多くは、動機がはっきりしない。

なんか知らないが、カッとなってやってしまったというものが多い。カッとなるともう見境がない。ハンマーやツルハシや模造刀など、手あたり次第なんでもいいのである。完全にわれわれを忘れている。

このようなケンカ沙汰では、ここまで書いてきたようなさまざまな事例においても、もともと加害者のほうに非があることは、ふつうのことである。

だが人間というやつはしょうもないもので、己に非があっても、またそのことをわかっていても、他人からその非を指摘されることは我慢できないのである。そしてその指摘のされ方によっては、刃傷沙汰に発展してしまうのだ。

わたしは身をもってそのことを知っている。

コロナ禍中、わたしは喫茶店ベローチェで一回、地元の駅前の本屋で一回、てんぷら屋で一回、きつい口調ではないが、マスクをするようにと注意された。

ベローチェでは勇気ある若い女性店員からいわれた。彼女は店の規則に従っているだけである。

本屋はばあさん店長だ。団塊の世代によくいるリベラル正義派のばあさんに見えた。木で鼻をくくったような口調で、「この店ではマスク着用でお願いします」。ふむ、正論だ。

てんぷら屋では、一緒に待っていたお客さんだ。

以前、タバコを喫っていたころは、人通りの少ない道路で歩きタバコをしていて、軽く叱責されたことが何度かある。

自転車で赤信号なのに横断歩道を渡ったことは何度もある。パトカーに注意され、小学生には「あ、信号無視！」と即座に叫ばれてまいった。

はい、あなたたちは全部正しい。

だがこれらの小さな経験から、おまえが間違っていると指摘されることは、たとえ相手の言い分が正しくても、気分のよくないものだなということがわかった。

まあずっと前からわかっていたけどね。

あるオヤジと揉めたことがある。そいつに、「自分が間違っているとわかっていても、おまえが悪いといわれると気分よくないだろ」というと、「ああ、気分よくないいな」と正直にいったのである。ついでに「おまえというな」ともいわれた。

そう、ひとはとにかく、自分が他人から間違ってると指摘されることはどんな場合でも気分がよくないのだ。人間がバカのゆえんである。

近所の騒音トラブルから殺人事件になったというニュースはわりとあることである。それがなんの教訓にもなっていないことに驚く。

そうか、いわれちゃったか、すこし音量を下げよう、と素直に考える殊勝なやつはまあいないのである。

人間はこの程度のことができないのだ。

この程度のことを、人類何千年か知らないが、いまだに克服しえていないのである。これは単純に個々の人間のでき方のちがいなのか。

わたしは相当我慢強い。我慢して生きてきた生涯だといっていい。いや、ほんとに。そんなわたしでさえ、「アンガーマネジメント」もへちまもないときがあるのだ。

どこに進撃してるんだ?

栃木県佐野市、八十三歳の僧侶が、三十代女性に座禅で使う警策を使ってわいせつ行為をした。警策をいったいなにに使ってるのか？　どうやって使ったんだ？

千葉では「ルパン」と称している（アホだ）七十三歳の男が、除霊とだまして六十代女性にわいせつ行為をした。

もうどいつもこいつも、なにやってるんだ？　単純に、こんなことはやめよう、と思い、やめればいいではないか。

あんた、偉そうにこんな本を書いているが、人間がわかっちゃいないねえ。わかっちゃいるけどやめられないのが人間じゃないか、といわれそうだ。

それはたしかに「スーダラの真実」ではあるが、バカな人間はいつまでもそんなことを言い訳にしてきたのである。

千葉県浦安市、六十三歳の認定こども園の園長が、職員の女性が着替えている姿をスマホで盗撮した。「下着姿を撮影したかった」んだと認めたが、園長は前職が小学校の校長だった。

この三人、性欲があるのはしかたがない。が、触るなよ。

もう全国のあちこちで、たがの外れたじじいたちが、わいせつな行為を繰り返しているのである。

もちろん全体からいえば、数は少ない、と書こうとおもったが、そんなことはなんの弁解にもならない。被害者がいるのだ。

理性による抑制もなにもあったものではない。我慢できんかったのかね。露見しても、捕まってもいいと思ったのかね。もうぼけとるのかね。ぼけたフリをしているのか。そのへんがまったくわからないのだ。

逮捕されるじいさんたちはなにを考えて進撃していったのか。テレビでそんなじいさんたちが捕まっている姿が映されることがある。

〝オレがなにをしたんだ〟というような顔をしている。あるいは〝なんか知らんが捕まっちゃったよ〟という顔。よわったね。

かくすればかくなるものと知ってやったのではないのか。

老人がいたるところにいる

年寄りたちがいたる場所に進出していて、驚く。

なんだ？　いつの間にこんなにばあさんたちが店を占拠するようになったのだ？　と驚いたのは十年ほど前だったたか。ちらほら、じいさんたちのグループもいる。

店とはマクドナルドである。

世間はいまではこんなことになってるのか、とほんとうに驚いたのである。

わたしが知らないだけで、こういう例がほかにいくつもあるのだろう。若者だけの店と思っていたのが、年寄りたちに席巻されているみたいな。

カラオケ店もそうかもしれない。

高齢者登山はやはり十年前の同じ頃からブームになったのか。いやわたしが十六年前に定年退職したときにはすでにブームだった記憶があるから、二十年ほど前からとしておこう。べつに正確でなくていい。

いまでは海外旅行の主役も老人たちであろう。

二〇二〇年調べで六十歳以上の人口は約三六〇〇万人、総人口の二八・七パーセントである。ほぼ三〇パーセント、三人に一人が老人だといっていい。

すごいものである。たしかに町や街を歩けば、老人だらけだなと実感する。

年齢別にみると、いわゆる「団塊の世代」（一九四七～一九四九年生まれ）を含む七十歳以上が約二八〇〇万人（総人口の二二・二パーセント）。

また七十五歳以上の人口は約一九〇〇万人（同一四・九パーセント）、八十歳以上の人口は一一六〇万人（同九・二パーセント）である。

わたしは行動半径が極狭の男なので、実地体験の範囲が小さい。だが世間の老人たちはやたら活動的なのだ。

たまに見るＮＨＫの「今夜も生でさだまさし」には、毎回、ばあさまやその仲間同士、およびご高齢夫婦たちが詰めかけている。それも深夜だよ。わが町に来るからと、わざわざ観覧希望のハガキを出した人たちである。

加山雄三の船上ラストコンサートもおばあさんたちが主体である。こっちは結構高い金を払い、当日は万難を排して会場に参上するのだ。待ちわびてたのだろう。これらの一切を、めんどうだ、とは思わないのである。

ＮＨＫでチューリップのコンサートを見たが、これまた年寄りばかりが大挙集まっているのだ。すごいものだ。

ショッピングモール内のベンチで、携帯の画面を人差し指で狂気のごとく連打しているじいさんを見た。ポケモンＧＯとやらをやってるのだと推測した。

携帯ショップは無用だから行ったことがないのだが、家電販売店の携帯コーナーにはいつも高齢夫婦たちがいる。

喫茶店などで、二台の携帯を使ってなにかやっているじいさんを見る。いかにも駆使している、という感じだが、わたしにはなにをやっているのか見当もつかない。知りたいとも思わないが。

そういえばユーチューブに動画をアップして、人気を博しているお年寄りもいるようである。まあいるだろうな。老女に多い（第3章で多少ふれる）。じいさんもやってるのだろうが、男はいまいち人気が出ないのだろう、たぶん。

舞妓の撮影に群がる。

金だけはあるぞ、と望遠つきの超高価なカメラを持っている。この連中の一部が鉄道や観光地に出没して、傍若無人な振る舞いをするのだ。

京都橘高校吹奏楽部が市内をパレードする。その後ろをじいさんが物干し竿みたいな先にカメラをつけて、金魚のふんのようについて回り、撮影をしている。

知らないが、じじいバンドをやっている人もいるだろう。団塊じいさんはエレキギター（古いな）全盛世代である。

こういう活動的な連中は高齢者といわない。年寄りともいわない。シニアである。インチキ言葉だ。

年寄り向けのサプリメントや薬のＣＭが増えて、出演してるじいさんばあさんが元気いっぱいの芝居をしている。颯爽と歩いている。六十、七十で、美を強調する。

このように自分の楽しみを積極的に打ち出す老人は、あらゆることに手を伸ばす。臆すことがない。すごいものである。とてもついていけない。

わたしは漫才コンビ「いつもここから」のネタ「悲しいとき」で揶揄された、Ｔシャツよれよれのおじさんのほうが好きである。

年寄りが進出できない場所はほとんどない。年寄りにできないこともほとんどない。やりたいことをやるのに、いくつになっても遅すぎることはない、という（あるわ）。どうせ一回かぎりの人生だ。人生一〇〇年時代だ。思い切り楽しい人生を送ろうではないか、と時代が後押しをする。

やかましいわ。

人生の最後まで楽しむぜ、というのが、どうしても性に合わない。

第3章　ばあさん、我慢するのやめたってよ

ジェーン・バーキンの死

昔は、年の功（＊）、といわれ、老人はそれなりに敬意を払われたものだが、いまではそんなものは消滅した。

（＊）昔、年寄りはそれなりに敬意を払われたものだ（古老の智慧など）。わたしは、現代のじいさんは馬齢を重ねただけだと、嫌味に書くが、それは都市部の話である。いまでも老人が敬意を払われている地域はあるはずだ。

昔からの神事、祭事のあるところ。技術の伝承が行われているところ。茅葺き屋根、へら絞り、宮大工など職人の世界、その他、農業、漁業などの世界。

では、現代の老人ってなんなのだ？　カッコばかりつけてる、老いた人のことだ。

新聞・雑誌・テレビは老人を、「年寄り」とか「老人」とは書かないし、呼ばない。ましてや「老婆」などは死語になってしまった。

「年寄り」とか「老人」とは失礼じゃないか、と抗議が巻き起こったわけではあるまい。ひとりふたりからそういう抗議がきたかもしれないが、そんなことにびびるんじゃない、と思う。

日本人はなんでもかんでも、すぐに、羹《あつもの》に懲りて膾《なます》を吹きすぎるのだ。

一〇〇円ライターで火災が起きると、大の男でも点けるのに苦労するほど、点火装置を硬くした。絶対に津波を防ぐぞと、環境など無用とばかりに巨大な防潮堤を造った。「女」という言葉は犯罪者以外に使用不可となり、なんでもかんでも「女性」になった。

まあそんなことはいいが、じゃあいま「老人」をなんと呼ぶのか。

高齢者である。

ちょっと気取ると「シニア」である。

なんだシニアって？　と思うが、いまやシニア料金にシニア・ファッション、シニア世代にシニア求人である。

「シニア」より上になると「シルバー」である。

老人がそう呼んでほしいと思っているわけではない。世間が、こっちのほうが気分いいでしょ、と言葉で飾っているのである。

たとえば、年を取るといわずに、年を重ねるという。

酒井順子がこういっている。

「『年をとる』という言葉を目に&耳にする機会が、減ってきました」。そのかわりに

「『歳を重ねる』という言い方が、目立つようになってきたのです」。これが「恥ずかしい」(『センス・オブ・シェイム 恥の感覚』文藝春秋、二〇一九)。

これを「恥ずかしい」と感じるか否かは、個人の言語感覚である。これまで、この言葉への違和感を表明したのは酒井だけである。

自分で「わたしも歳を重ねてからは……」などという老女もいる。

なにがうれしいのだ。そのほうが上品だというのだろう。「ほっこり」という言葉を使いたがる神経だ。

世間がこの言葉を使うのはもうしかたがない。すっかり定着しているから。だが、わたしは使わない。白々しいし、ばかばかしいからである。

言葉の使い方には過剰に神経質のくせに、心情や行いはまったくそれにそぐわずに、貧弱粗雑なままである。心は見えないからいいのよ、というのだろう。

肌がつるつるになるという温泉で、年齢を聞かれたばあさんの五人に一人がかならず、「いくつに見える？」と聞き返す。

やかましいわ。興味ねえっす。このおばあさん、自分で「八十五」といった。十分見えるよ。それ以上にも。

唐突だが、ジェーン・バーキンが昨年亡くなった。七十六歳。

わたしは彼女について詳しくない。

五十数年前、わたしがヨーロッパ・ヒッチハイク旅行をしていて、たぶんブリュッセルかどこかのユースホステルにいた。そのとき、光差し込む明るい館内に、あの淫靡《いんび》なあえぎ声の曲がかかっていたのである。

ジェーン・バーキンとセルジュ・ゲーンスブール
「ジュ・テーム～モワ・ノン・プリュ」
（日本フォノグラム／フィリップス・レコード）

なんだこれは？　と思った。それが各国で放送禁止になった、あの「ジュ・テーム・モワ・ノン・プリュ」だった。彼女に関する唯一鮮烈な思い出だ。

彼女は年をとるにつれて、当然美貌は衰えたが、人間の心はどんどんよくなったように見える。生き方から余計な作為や雑念を捨てていったのではないか。

おそらく彼女は生のある時点で、見える美より見えない美に価値転換したのである。そうでなければ、心はきれいにならない。

バカ老人は、そう意味では人間の敗北の

姿である。老醜とは、若き日のバカをそのまま引きずった姿のことだ。

日本の昔の母はどこにいった?

バカ老人というからには、バカばあさんも取り上げなければならない。

バカはじいさんの専売特許で、ばあさんは立派な人が多い、ということはないからだ。

それでも二十代ころまで、わたしは日本の女の人は断然、男より偉い、と思っていた。

それも日本の母親のイメージによるものだった。

いささか観念的な思い込みだったかもしれぬが、話に聞いたり本を読んだりするかぎり、日本の昔の母親は偉いものだ、と思ったのである。それにくらべると男はろくでもないのが多かった。息子も亭主も父親もだ。

いまでも大雑把にいえば、全体的に男より女の人のほうが立派だといっていいかもしれない。

熊本の山奥で人気の食堂を開いているおじさんが、「いなくなってみないと、女の人の偉さはわからないんだよ」とポソッといっていたのが身に染みた。

バカばあさんが目立たないのは、一目瞭然バカの特徴であるパワハラやセクハラが少ないからである。

しかし時々恐ろしいのが出現する。めったにいないから、目立つのだ。

熊本市議会議員で市職員に悪口雑言を浴びせつづけ、市議会から四回も辞職勧告をされても辞めず、ついに事件を起こして辞めざるを得なくなった六十五歳の北口和皇《かずこ》元市議おばさんがいる。

「私は本当に口が悪いです。悔い改めます」。しかし「性格はそんなに悪くはありません」。自分でいっちゃいかん。

職員に対する罵倒に関しても「市民の方を向いていない職員さんに対しては、きつく言ったと思います。市民の方を向いていない職員さんにしか言っていません」と弁解した。

しかし四回も辞職勧告を受けたということは、だれもが認める不良な態度だったわけである。二〇一九年と二〇二三年の選挙で落選、おまけに公職選挙法違反によって逮捕された。

二〇一七年、自民党衆議院議員の豊田真由子が中年の男性秘書に「このハゲー！」「鉄パイプでお前の頭を砕いてやろうか！」「うん、死ねば？　生きてる価値ないだろ、もうお前とか」と暴言を吐き、叩いたりした。

当時、豊田は四十三歳。おばさんではあってもおばあさんではない。彼女は世間に叩かれ、自殺しようとするところまで追い詰められたという。

なぜ北口も豊田も暴言を吐いたのか、知っても意味はない。わたしたちはふたりのことを知ってしまったが、こんな不快な話は、早く忘れるにこしたことはない。

ときどき、とんでもないばあさんに遭遇するものだ。

わたしも昔、喫茶店の席をめぐって、ふたりのばあさんと揉めたことがあった。

普段なら譲るのだが、そのときはなぜか譲らなかったため、ふたりから振り返り振り返り、「人間じゃねえ」といわれてしまった。苦笑するしかなかった。

人生一度きりだから、楽しまなければ損、損

もちろん、こんな暴言ばあさんはめったにいない。

ほとんどのお年寄りは「老後」をいかに楽しくすごすかが、最大の関心事であろう。いやもしかしたら、それもマスコミの誘導に乗せられているのではないか。

宝島社から四種類の「60歳」向けの雑誌（ムック）が出ている。月刊誌ではないと思うが、同時に平積みになっていて、思わず見てしまった。

一冊目は、『60歳過ぎても「変わらないね」といわれるための１００のこと』。

表紙は萬田久子、六十五歳。

表紙に、目次みたいに内容の見出しがずらずら書かれている。

「老けてなんかいられない！　まだまだ楽しく、生きていく」「この歳で本気で目指すのは小太り　カラオケは遊びじゃなくて老化予防　3日に一度は人の役に立つことをする　推し活で生きる勇気を底上げ　カロリー計算をやめて『色』で食べる　2択で迷ったら新しいことを選ぶ　朝ドラは毎日欠かさず見る　相手も自分もほめ殺す　ほか」

二冊目は『60歳からはじめて人生が楽しくなる１００のこと』。

表紙は宮本信子、七十九歳。

「いくつからでも遅すぎることはない　好きなことを『やってみなきゃ』」「見栄を捨てて、依存する　最後の罪滅ぼし、パートナーを大切にする　『まさか』のときのために下着を買い直す　ボケ防止にスマホでの検索をメモして残す　話し合うほど財産がなくても準備する　バリアフリー化よりも足元の荷物の片づけ　たくさんのお金よりも時間を大切にする　健康診断より歯科検診を定期的に　『終活』より『婚活』　2拠点生活　ほか」

三冊目は『60歳すぎたらやめて幸せになれる１００のこと』。

表紙は中尾ミエ、七十七歳。

「ものもしがらみも見栄も手放して　明日の身分を楽にしましょう」「冠婚葬祭は失礼す

る　人間ドックには行かない　リフォーム、引っ越しはしない　老人ホームに入ろうとは考えない　子ども、孫、きょうだいと距離を取る　子どもに財産を残さない　お墓を手放す　仏壇を処分する　人と比べて生きない　ほか」

そして四冊目は『60歳すぎたらひとりを愉しむ１００のこと』だ。

表紙は安藤優子、六十五歳。

「ひとりは寂しくない、面白い！」「はじめてのひとり旅へ　離婚はしない、なかよし別居　推し活で脳から若返る　『青春18きっぷ』でお出かけ　学び直しで大学生になる　リフォームよりセキュリティ　自分を否定する人がいない幸せ　孤立しないで孤独と上手に付き合う　ほか」

もう「楽しい」「愉しい」のオンパレードである。

人生は楽しまなければならない。楽しくなければ老後ではない。幸せになるのだ。

やることが四冊合わせて、全部で四〇〇もあるのである。

しかしこれらの惹句はすべて若い女性編集者たち（？）が考えたものである。

もう手取り足取り、至れり尽くせり、痒い所に手が届くアドバイスといえば聞こえはいいが、逆にうるさくはないか。

こんなものに老人たちは、無意識のうちに煽られ、焚きつけられる。ほっといてくれといっても、敵はほっとかないから、自分で賢く取捨選択するしかない。

わたしも芸能人みたいにしていい？

大型スーパーやショッピングモールで、無名の歌手のミニコンサートを見ることがある。一か月間のラインアップのポスターが貼ってあったりするが、名前の知らない歌手がこんなにいるのかと思い、びっくりする。

二回この手のミニコンサートを目にしたことがある。

一回は地元の元ダイエーで見たものである。二〇畳間くらいの狭い空間に、見事なまでにじいさんばかりがぎっしり詰めかけている。

なにしろ出演は若い女性歌手だ。ＣＤを買った客は前列二列のパイプイスに座ることができ、その他は立ち見である。

ほお、こんな場所で、毎週こんなことをやっているんだとはじめて知った。

また年寄りがフットワーク軽く、指定日時に集まるものだと感心した。歌手に掛け声をかけたりして、楽しんでいるのである。

もう一回は、ショッピングモールの屋内広場で見たミニコンサートである。おなじミニコンサートでもこちらのほうが、大型スーパーの二〇畳よりはるかに広い。五〇席ほど椅子が並べられており、こちらの客は全員五、六十代のおばさんたちである。出演者が若い男だが、無名の演歌歌手である（無名といってもわたしが知らないだけである。世間的にも知られていないようだが、おばさんたちは知っている）。

じいさんもばあさんもわかりやすいなあ。歌があり、サイン会があり、最後に歌手との撮影会がある。

その撮影会が見ものだった。

もうフツーの、買い物おばさんたち（それでも余所行きの服装なのか）が、ビニールの衝立越しに（コロナのときだったから）、若い歌手と両手を合わせたり、ハートマークを作ったり、なかには凝ったおばさんもいて、歌手と背中合わせになって親指を立てたりして手を振り、わたし芸能人ぽくない？　と、もう大はしゃぎなのだ。

まさに「老けてなんかいられない！　まだまだ楽しく、生きていく」や「好きなことを『やってみなきゃ』」を実践しているようである。

さすがに「『まさか』のときのために下着を買い直す」意識まではなかろうが、もう現代のおばさんたちは、欲求を我慢することはしないのだ。

歌手とからんでいる姿を自分の携帯電話で、主催者側のスタッフが写真を撮ってくれる。

至れり尽くせりのサービスである。

いま流行りの言葉でいうと、この歌手はおばさんたちの「推し」なのか。ばかくさ。

これはまったく罪のない行為である。罪はないが、金がかかっている行為である。いったいいくら払ってるのだろうか。CD一枚分の価格か。

罪はないが、自分の息子みたいな若い歌手相手にはしゃいでる姿は、亭主や子どもたちには見せられないだろう。

わたしはよくやるなあと感心して見ている。次のおばさんはどんなことをやってくれるのか、と興味津々でもある（内心は「たァけ」と思っている）。

そうか、こういう人たちが「純烈」を育て上げたんだな。

まったく素人のおばさんたちが、写真を撮るときは芸能人みたいな恰好をするのだ。いや、びっくりした。

人がすることは、他人に迷惑がかからないかぎり、許容し、温かく見守ってあげよう、という「多様性」が現今求められている寛容（？）の精神である。

だから、髪を緑髪や金髪に染めようが、侍みたいな恰好で街を歩こうが、これ見よがしにタトゥーをわざと見せていようが、ばればれのおっさんがミニスカートでデパートを闊歩しようが、もうだれもなにもいわないし、なにもいえない。

Vチューバーばあさん

『87歳、古い団地で愉しむ　ひとりの暮らし』（すばる舎、二〇二二）を出版した多良美智子さん。彼女は昭和九年（一九三四年）生まれ。

七年前に夫を亡くし、「自分もいつ死ぬかわからない。生きているうちは楽しくやろう」と思い、中学生の孫と、自分の「ひとり暮らし」の日常をユーチューブにあげるようになった。

最近この手のおばあさん本が多い。どれもかなり売れているようである。

毎日新聞の月曜日に連載されている「人生１００年クラブ」というコラムがある。わたしがバカにしている企画ものである。

バカにしているのは企画に登場する人ではなく、この企画をいかにも意味あるもののように書いている記者たちである。

最近、目にとまった記事は「Ｖチューバーおばあちゃん」（『毎日新聞』二〇二三・九・二五）である。

わたしはＶチューバーというのがユーチューバーとどうちがうのかわからなかったのだ

が、画面に自分が出なくて、代わりにイラストなどのアバター（分身）が動くのを、Ｖチューバーというらしい。

実際にちょっと見てみた。ピンク色の髪の毛をした若い娘がしゃべるのだが、声はもろばあさん声である。この声の人が「ひろこさん」。八十五歳。

「バリバリの後期高齢者です。バカ孫にすすめられてＶチューバーデビューしました。暴れてやります」と意気軒昂である。

こっちも二十九歳の孫がプロデュースしているのだが、かれは「高齢者が日々楽しく暮らせる娯楽が少ない」ことから手伝いを考えたようである。

「人生１００年クラブ」とあるように、みなさん高齢で、しかもおひとりさまが多い。しかもおばあさん。じいさんは一人もいない（ことはない。いることはいる）。

すべての本に共通しているキーワードは、もちろん「楽しく生きる」である。主人公のおばあさんの暮らしの写真も必須である。

もちろん、著者の見せ方には編集部の意向が働いている。

高齢、ひとり暮らし、生活を楽しむ、のほかに、ユーチューブやＳＮＳなど時代の先端にも乗っているということになれば、いうことはない。時代は、というよりマスコミは賢老人よりも、ＩＴ老人を求めているのだ。

しかし世の中には、こういうIT老人や、前項の若手歌手ファンおばさんとはちがい、もっと静かな老人のほうが圧倒的に多いことはいうまでもない。

以前読んだのは、牧師ミツコという人の『74歳、ないのはお金だけ。あとは全部そろってる』という本である。

池田きぬ著『死ぬまで、働く。』という本も読んだ。副題は「97歳・現役看護師の『仕事がある限り働き続ける』生き方」である。

いまの職場は八十八歳のときに募集を見て応募し、「週1〜2回」働いているという。ことさらに「楽しさ」を押し出すことなく、自然体である。

もう出版社も必死だ。大方は意図倒れになるのだが、タイトルや副題になんとか特色を出そうとしている。

わたしは、本にならないおばあさんのほうが好ましい。

火野正平と会って「いつ死んでもいい」

ＮＨＫ‐ＢＳでしつこく放映している「にっぽん縦断 こころ旅」で、よく見る嫌な場面がある。

火野正平自転車旅五人組様ご一行が、昼飯を店で食べる。すると、火野に会った店のおばさんが舞い上がるのだ。店に入ったとたん、嬌声があがる。食後、店の前で撮影。火野に肩を抱かれたおばさん店主、身をよじりながら、なんと「もういつ死んでもいい」といったのである。おぞましい光景だった。

想像もできなかった芸能人に肩を抱き寄せられて、その場の興奮で口走った言葉で、本心であるはずもなかろうが（半分以上本音？）、火野もこうすればこうなるという効果を知っていてそうしているのだ。嫌な光景である。

別の日。街中で信号待ちをしている火野をめざとく見つけたおばさん、その瞬間、顔が一瞬輝き、本人は必死で火野に握手を求めた。

火野は不愛想に握手をしたが、おばさんはそんな表情に気付きもせず、それどころかカメラの外にいる夫に「お父さん、火野正平さん！」と手招きをしたところで、信号が変わり火野は行ってしまった。

呼ばれた夫、うれしくもなんともないはずだ。というより腹立たしいに決まってる。と思うのだが、もしかしたら似た者夫婦で、そうでもないのか。

だからそのことを知ってる妻は、夫にもこの幸運を味わわせたいと思い、「はよはよ」と焦って手招きをしたのかもしれない。

火野正平は基本的に普通のおばさんやおばあさんに興味がない。ときに冷淡。

それにくらべ女子高生や若い女性には、スタッフに「べっぴんさんやな」と同意をうながしながらニヤつき、自分から近づいていく。芸能人だぞ、という意識がある。

以前はむしろ好きだったこの番組が、いまではまったく気に入らない。

制作者側には、視聴者に寄り添ったいい番組だという自負があるのだろうが、火野やスタッフたちの作為（＊）が鼻につくようになったのである。

（＊）司馬遼太郎は夏目漱石の「則天去私」について、「魂胆を去るというのが去私」だといっている（『街道をゆく37』）。「作為」というのは、この「魂胆」といいかえてもいいかもしれない。元々いい言葉ではないが、わたしが嫌う作為は、さもしい、わざとらしい、それでいて自分では〝どうよ〟と悦に入っているバカ魂胆である。

訪れる場所も、以前は他人にも共感できるような場所があったが、いまでは個人の思い出だけの場所が多くなり、こんな風景見せられてもなあ、と思う。

それにこの番組にスタッフが何人ぶらさがっているのだ。ロケバスも始終ついて回っているはずで、総勢十人くらいはいるのではないか。

いずれもが基本的におっさんばかりで、それぞれ年収二〇〇〇万円クラスの連中がこの番組で食っているのではないか。

店で食べる昼食や時々の弁当は予算の上限があることを臭わせ、高価なものは食べないが、あたりまえだ。

それにしてもＮＨＫ職員はだいたい三十過ぎで一二〇〇万円ももらっているらしいではないか。受信料を半額にしてもいいくらいだ。

火野が昼ごはんを食べては「オイシー」（シーで下がる）といい、新幹線を見ては「シンカーンセーン」（カーンで上がる）というが、その言い方が気に入らない。

ナポリタンにタバスコを多めにかけて、むせて見せるというつまらん芸（作為）も腹が立つ（ところが、これが好きだというおばさん視聴者もいるのだ）。

大阪編では、「こころ旅」一行が出発する場所で、八十何歳だったか高齢の母親と付き添いの初老の息子が待っていた。

火野が近づいていくと、お母さん、もう感動のあまり立っていることができず、涙を流しながらへたりこもうとする。

それを息子と火野が支える。息子から渡された画用紙かなにかにサインらしきものを書く。母親、なおも立っていられない。

なんだこれは？

おばあさん、興奮のあまり、死んでしまいそうだ。

しかし、こんな意地悪な見方をしているわたしなんかより、火野正平のほうがこのおばあさんのためには役立っているんだな、と思う。ほとんど神様を見るようなのだ。

ばあさんはいまやどこにでも現れる。エンゼルスの本拠地アナハイムのエンゼル球場に行くことなど朝飯前である。じいさんはそうはいかない。

そこに現れた七十五歳のばあさん。家の中が大谷翔平グッズであふれている。集めた「グッズ」は一〇〇〇点以上ある。サイン入りボールは四〇万円、サイン入りユニフォームが四三〇万円。

しかし一番大事にしているのは、球団にお願いして（？）手に入れたのか、大谷翔平がそのおばあさんに直接「お元気で」と語り掛けるＤＶＤ映像である。

ここでも現代の金を持ったばあさんは、我慢しないのだ。

これまでに使った額は五〇〇〇万円以上で、もう大谷に「メロメロ、メロメロ」だという。いくら使おうと本人の勝手だからどうでもいいが、それを愚かだというのもこっちの勝手である。

将棋の藤井聡太を応援する「ファン」ではなく、「恋してる」というばあさんがいる。

もうたいがいにしろよ。

テレビ業界人のわざとらしい作為が気に食わない

わたしは脳梗塞にかかって以来、味覚や身体のバランス感覚が微妙に変わった。

コロナ禍以降、趣味も変わった。

プロ野球に以前ほど関心がなくなった。お笑い番組を見なくなり、特に芸人が出る番組は（一部の芸人を除いて）、徹底的に避けるようになった。

以前から見ていなかったが、テレビドラマに出ている俳優は、みなＣＭ俳優ばかりではないか、とバカにするようになった。

妻夫木聡は宝くじ俳優、滝藤賢一はなんでも俳優。

昔は女子アナウンサーの芸能人化がうんぬんされたこともあったが、最近は、各局の男のアナウンサー連中が、寸劇をするなど自己アピールをしはじめ、腹が立つ。

要するに、演者とスタッフ（と視聴者）の双方に、こう見せたい、こう見られたい、こう見てほしいという、わざとらしい「作為」が鼻につくようになったのである。

「こころ旅」が嫌になったのも、「孤独のグルメ」が嫌になったのも、おそらくそういうところに気が向くようになったからであろう。

自然には「作為」がない。

スポーツのいいところも「作為」がないことだ。

だがスポーツマンがスポーツを離れると、松岡修造みたいに「作為」だらけになるものがいる。そういう姿を見たくないのである。

テレビ朝日の内田篤人は大丈夫だろうか。

それでなくてもテレビのバカっぷりの正体は、ジャニーズ問題ひとつをとってみても、いまやあきらかになっている。

テレビ業界における、地位の低い女性に対するセクハラ、下請け業者に対するパワハラは根絶出来ていないのではないか。

　ここでこんなことをいってもしようがないが、うそくさい連中が嫌になったから、できるだけ人間の出ないＢＳ－ＴＢＳの「ねこ自慢」や「いぬじかん」、ＮＨＫ－ＢＳの「岩合光昭の世界ネコ歩き」などにチャンネルを回すようになった。

ところが番組によっては、そこにも芸人が出ていたりするのだ。しかし作為の度合いが少ないから、まだいい。

　あとは「美の壺」「日曜美術館」「新美の巨人たち」「ＮＨＫ将棋」など人間気のすくない番組を好んでいる。こちらのほうが気分がいいのだ。

これはわたし個人の問題である。

テレビ業界に文句をいっても変わるわけがないから、これまた、わたしが好みで遮断するほかはない。

わたしもまたバカ

他人をバカだバカだ、とバカ呼ばわりをするわたしは、バカではないのか。

わたしがバカだと考えるバカと、おなじバカではない。

けれど、わたしは自分が別種のバカであると知っている。

しかし上っ面だけはいいから、そのバカはなかなか他人にはわからない。もうばれているかもしれないが。

ただしわたしのバカは、他人に一切迷惑をかけないバカである。

世の中には、他人に迷惑をまき散らして、平気な顔をしているバカがいる。

この人は大丈夫かなと思っていると、直りようのないただの自慢じじいだったり、妄想まき散らしじじいだったりして、がっかりである。

が、本人はもういい気になっているものだから、いつまでたっても気づかない。自分のバカに気づかないというのは、バカの特徴のひとつである。

けれどわたしはそんな程度のバカでさえ、包容する度量がないのだ。

いや、かれはあれでいいところがあるのよ、というのはわかる。人にもそういうことができる。だが、そういいながら、ほんとうには受け入れていない。

器が大きい、という。度量が広い、ともいう。清濁併せ呑む。懐が深い。

わたしはそういう男になりたかった。しかし、とてもじゃないが、どのひとつにも当てはまらない。

もう遅い。無念である。

わたしは、自分が熟慮し、その内容を正直に相手に伝えれば、理解してくれるのではないかと考える傾向がある。これが世間（人間）知らずなのだ。

わたしが熟慮するかしないかは、相手には全く関係ないのである。相手には相手の立場がある、ということがわからないときがあるのだ。バカである。

毎日、嫌なニュースばかりでうんざりする。

大谷翔平の活躍だけが明るい話題だ。こういう人が多いと聞くが、わたしもまた朝起きるときに、さて今日の大谷はどうだったか、とかれの成績が気になるのである。

しかしこっちの期待が一方的に膨らみ、バカになってきた。

大谷に散財するばあさんを笑えない。

大谷翔平は現在の二刀流の水準でさえ驚異的なのに、それだけではもう物足りなくなってしまっている。

投手のときには、バッタバッタと三振をとり、勝ち投手になってくれと期待している。それだけに、勝ちがつかなかったり、負け投手になるとがっかりしてしまう。ノーヒットノーランくらいできるだろう。いつかはパーフェクトだ。打者の大谷には、毎試合一本のホームランを期待している。

そんなことはできないのはわかっているのに、それ以上でないとちょっと不満なのである。はじめて打率が三割を超えても、ヒットを打っても、ホームランが出ないと当たりがとまってるな、と感じるのである。

サイクルヒットなんかどうでもいいから、とにかくホームランを打ってくれ。度し難いバカでしょう?

二〇二三年七月二十八日のデトロイト・タイガースとのダブルヘッダーの第一試合で、大谷は大リーグで自身初となる一安打完封完投をやってのけた。そのうえ、第二試合でなんと三七号、三八号をかっ飛ばした。

午前二時から始まった第一試合は徹夜で見ていて、いや惜しかったなあ、ノーヒットノーランできたなあ、と思ったが、打つほうは五のゼロだった。

解説の武田一浩は「いいんですよ、五のゼロでも（なんたって、一安打完封完投やったんだから）。第二試合で五の五打てば」といっていた。

わたしは「二本ぐらいホームラン打たんかなあ」と思いながら寝たのである（ちなみに武田の解説は、最初暗いなあと思ってたが、いまでは一番好きだ）。

ところが起きてみてびっくり、ほんとに第二試合で、大谷は二本かっ飛ばしていたのだ。アメリカのマスコミは「本塁打王が完封」「野球史上で最高の一日」「大谷は神話だ」「彼はこの宇宙のものではない」などと、大変な騒ぎになっていたのだ。

しかしわたしは、これではいかん、と思い直した。

こんな歳になっても、そんなことで気分が浮き沈みするのか。大谷はおれとは全然関係ないではないか。

しかし期待をかけているのは大谷翔平だけではない。

棋士の藤井聡太にも、ボクシングの井上尚弥にも期待している。

テニスは島袋将、綿貫陽介、望月慎太郎を応援する。西岡良仁やダニエル太郎や大坂なおみはあきらめた。

だが、これはだめなことだと気づいた。いや応援するのはもちろんいい。そこに自分の気分の浮沈をかけていることがバカなのだ。

母に申し訳ない

最近よく思い出すことがある。

そして後悔する。後悔先に立たず、とはよくいったものである。

バカといえば、わたしのバカは、ここに極まっている。

わたしは二十五歳からお茶の水にある小さな会社に勤めた。四、五十代のとき、ときどき昼休みに、母が練馬の大泉学園からお茶の水まで会いに来ることがあった。

三か月か半年に一回ほどだったか、お茶の水の駅前で待ち合わせ、駅前のてんぷら屋で昼を食べるのである。母は七十歳前後だったろうか。

小柄だった。膝を悪くし、歩行が困難だった。

自宅から駅まで二、三十分ほど歩き、池袋で丸ノ内線に乗り換えてお茶の水まで来るのだった。毎回、渡す物がある（無理やり）というのが会う理由だった。

早足でお茶の水の駅まで急ぐと、帽子をかぶった小さな体で待っていた。いつか、女子高生たちから「かわいい」といわれたよ、といっていた。

ちょうど昼時の駅前の雑踏のなかで、この世でたったひとり知っている息子を探し、見つけるといつもほっとする顔をした。

天ぷら屋で会計をするとき、かならずわたしに一万円を渡して払うようにいい、お釣りは受け取らなかった。

そのあと、すこし歩いて喫茶店のルノアールに行くのがお決まりのコースだった。

ここまでのことは、以前どこかに書いたと記憶している。

店を出て信号を渡るのだが、けっこうな雑踏である。わたしは数歩ごとに振り返り、母がついてきてるかどうかを確認した。

母は何人かの後を、遅れまいと必死についてきた。

後悔するのはこのときのことだ。

なぜわたしは母の手を引かなかったのか。

振り返ることで気遣ったつもりだったのだが、そんなことよりも、なぜ手をつなごうとしなかったのか。

何回後悔してもあまりある。いまさらながら、自分のバカさ加減に腹が立つ。

たぶん十回ほど会ったが、一度として手はつながなかった。恥ずかしいと思ったのではない。手をつなぐという頭がなかったのだ。

いや、恥ずかしいと思ったのか。手をつなごうと思ったことはあったのか。

それ以前、母と最後に手をつないだのがいつだったかを思い出せない。

母はひとりで食堂に入ることもできない性格だった。

情けない息子と会って、またひとりで階段を上り下りして、練馬まで帰っていったのかと思うとかわいそうになる。

母は二〇〇一年の九月、七十六歳で亡くなった。

母が亡くなった日の深夜、わたしはひとりで病院に詰めていたが、死に目に会えなかった。医者から呼ばれたときは、すでに息を引き取ったあとだった。

わたしはそのときも、母の手をにぎることができなかった。これはあきらかに、できなかった。医者の手前、わざとらしいように思えたのだ。

これほどのバカ息子はいない。

母が亡くなった夜、自宅でわたしはひとりで通夜をした。隣室には父が寝ていた。いま数えてみたら父は当時八十四歳だった。

わたしは一晩中、死に顔の母を見ていた。線香を換えつづけた。母の冷たくなった頬に手のひらをあてた。最後のお別れというように。

翌朝、父が起き抜けざま襖を開け、心弱い口調で「だめだな」といった。

母が死んでから、父は呆けた。

母が死んだとき、わたしは五十四歳だった。

父にも母にも楽しい老後などなかっただろう。

すこしはあった、と思いたい。

病院での母はしきりに家に帰りたがった。「家に帰れば治る」と訴えるようにいった言葉が忘れられない。

介護施設に父に会いに行き、「また来るよ」と帰ろうとすると、「おれも帰るよ」と慌てた父の言葉が忘れられない。

第4章　バカ日本人の壁

「この国は最悪のバカ国である」――中川淳一郎

昨年（二〇二三年）の三月十三日から、国はやっとマスクの着脱の判断を個人に委ねることにした。

中国は自国がコロナの発生源を疑われたせいか、むきになってゼロコロナ政策を維持しつづけ、上海などではひとりの感染者が出ただけでもそのマンションがある一帯の封鎖を続けるという異常事態であった。

ところがもう我慢ならんというように、各地で抗議デモが発生し、市民たちが白い紙（抗議の意志の象徴）を掲げ、「習近平退陣」「共産党退陣」の声を上げた。

習近平指導部は泡をくって、それまでのゼロコロナ政策をかなぐり捨てて、すべてを解放したのである。

国家レベルのバカであった。だが日本もこれを嘲えない。

フリーライターの中川淳一郎は、新型コロナの発生以来、当初からコロナは大したものではないとマスクをしなかった。

しかし緊急事態宣言やら、マスク着用の対策を徹底した国や都や学者や医師やテレビ

(とくに「羽鳥慎一モーニングショー」)や、それに唯々諾々と従った国民が、いつまでたってもマスク信仰を手放さないことに愛想が尽き、もう我慢の限界だとばかりに、ついに「この国は最悪のバカ国である」と断定した(『捨て去る技術――40代からのセミリタイア』集英社インターナショナル新書、二〇二三。以下同)。

マスクだけでなく、その他諸々のことも含めて、わたしもまったく同感である。

中川は、コロナ以前まで日本は案外いい国だと思っていた。

しかしいまでは「臆病者のゼロリスク主義者が跳梁跋扈《ちょうりょうばっこ》し、出る杭を打ち自分の頭で考えられず、周囲の目ばかり気にして『怒られない』ことこそ人生最大の重要事項と考える馬鹿だらけの国」だといい、「クソみたいな国」「バカ国民」とまでいっている。

中川の言葉を聞いて、不快になる人がいるだろう。そんなに嫌だったらこの国を出てゆけと、田原総一朗みたいなことをいう者がいるだろう。

しかしわたしは、不快ではない。むしろ、よくぞいってくれたと思っている。

中川は、子どもを持たない決断をした。こんな国で「子供がいることによる幸せと子供がいないことによるラクさを天秤にかけた時に子供がいない方がいい、という判断になったのである」。

以前もこういうふうなことをいう人はいて、わたしはあまり同意できなかった。しかし現在では、ありうべき判断だと思う。

「自分の人生を振り返ってみると、我が子にこんなことをさせるワケにはいかないと思ってしまうのである。人生というものは苦難の連続だ。いっそのこと自殺してしまった方がラクだ、と考えることもある。だが、輪廻転生でまた日本で生まれてしまったらどうなるのか……と考えると、死ぬ気にもなれない」

自分だけのことなら、まだいい。

しかし、家の中ではかわいい我が息子が、学校でいじめられて暗い子になっていく姿を想像すると、どうしていいかわからなくなる、と中川はいっている。

中川のこの心配はもっともである。「いじめ」にきちんと対処すべき教師・学校・教育委員会が、まったく頼りにならないからである。

そして中川自身の自信のなさもまたよく理解できるのだ。「私自身、自分の人生はなんとかなると思うのだが、他人（妻・子供・社員も含め）の苦しみをそこまで除去できるという自信がないのだ」

幼く、可愛く、無邪気で、小さき者――人間元素だけの子が、この「クソみたいな国」でしあわせに育っていくことなど、ほとんど奇跡に近いことではないか。

生きていると、「時にはクソみたいな人間に出会うことがある。そういった意味で、人間なんてものは害獣や蚊よりも悪質な存在であり、人間とも決別する方がよっぽど幸せだ」。結局「何らかの精神的苦痛をもたらす存在は『人間』なのだ」。

まったく同感である。

コロナをこえて、人間に対する中川の憤りが文章に現れている。

大人になってしまえば「小中学校の友人」などどうでもいいし、「常に『人間』とは決別していい」「とにかく不要な人間は徹底的に避けよ」。

だが子どものときにどう対処すればいいか、中川には妙案がない。自信もない。だから子どもは「生まない」のである。

しかし、わたし自身は、コロナ禍で静まりかえった町や街は楽だった。

コロナの発生以来、外ではマスクはつけたことがない。電車や屋内では基本的につけた。図書館員や店員やお客と戦ってもしょうがないからである。

それでも緊急事態宣言が出た町はよかった。

電車も店もがらがらだったからである。すでに定年退職後でもう会社勤めはしなくてよかったから、このまま永遠に宣言がつづいても構わんよと思っていた。勝手なものだ。

勤めがある人間にとっても、リモートワークは楽だったのではないか。嫌な仲間や上司との飲み会や、形式だけの新年会や忘年会や社内旅行がなくなり、この状態がつづいてくれたほうがいいと思った社員も多いのではないか。

ところが中川はおかしいことに、この点に関してはこういっているのだ。


……緊急事態宣言を求める人々は求めない人々の生活を考えていないのが問題だ。求める人々は「会社行かないでラッキー！　収入も別に変わってないしw　どうせオレ、宴会嫌いだし今の状態快適w」「職場の飲み会嫌いだからむしろ嬉しい」「ヒゲそらないでいいからラク」「メイクしないでいいからラク」みたいなものだ。だが、困っている人がいることを理解していない。この手の人々は「インターネット禁止」となった時にようやく「やめて！」と言うだろう。飲食店・旅行業界はその状態にあったのに、そういった他人への配慮はなく、自分にとっての利便性と快適さのみを追求し、緊急事態宣言に賛成したのだ。


けれど、人間とはそういうものだ。

中川自身、「私自身、今、最も大切なのは私と妻である。我々2人が幸せであれば、正直社会がどうなってもいい」と書いているではないか。

そして身もふたもないいい方をすれば、人間は最終的には、そうであるよりほかはないのである。

中川淳一郎は現在五十歳。日本を捨てて、マレーシアで暮らしているようである。それともう帰ってきているのか（佐賀の唐津に移住したようだ）。

「頭に来てもアホとは戦」わないほうがいいのか——田村耕太郎

ブラッと書店に入ったら、新刊の棚で、田村耕太郎著『頭に来てもアホとは戦うな！賢者の反撃編』（朝日新聞出版、二〇二三）が目に入ってきた。

「おわりに」にだけ読んでみた。

「私が一番好きな映画は、ハリウッド映画の『イコライザー（The Equalizer）』だ」とあり、「本作では、元米特殊部隊出身の猛者が、実社会の中で、アホをそのスキルで成敗していく。ストーリーや成敗のスキルにリアリティがあって、見ていてスカッとするし、『真面目に生きる弱者をいじめる悪を成敗する』行動は理想としたくなる」と書いていたので、思わず共感してしまった。

この本に前著があるのは知っていた。『頭に来てもアホとは戦うな！人間関係を思い通りにし、最高のパフォーマンスを実現する方法』（朝日新聞出版、二〇一四）である。

八〇万部も売れたらしいが、どうも大バカビジネス書のようないかがわしい臭いを感じて、そのときは読まなかった。とくに副題がよくない。

しかし本書を書くのに難儀していたとき、偶然、右の新作が目にとまったのである。わたしも「イコライザー」は好きで（一番とは思っていないが）、デンゼル・ワシントンの映画ではピカイチと評価していたのである（最近、その最終章「イコライザー THE FINAL」が封切られた）。（＊）

（＊）余計なことだが、「イコライザー」以上の見事な格闘シーンは、ジェイソン・ステイサムの「ワイルドカード」である。演出のうまさにほれぼれする。

たったそれだけのことで、なにかのヒントが得られるかもしれないと、読んでみる気になったのである。幸い図書館に新旧二冊ともあった。新作には数人並んでいたが、旧作は空いていたのですぐ読めた。

ところがその結果、ヒントを得るどころか、逆に著者自身が、またこの本じたいが「バカ」の対象となったのである。弱ったね。

田村が考える「アホ」とはこういう人間のことだった。

「はじめに」に、こう書いている。

……むやみやたらとあなたの足を引っ張る人だ。会議でなぜかあなたの発言だけにいちゃもんをつけたり、チームメイトなのに明らかに敵意を見せつけて協力的な態度をとらなかったり、明らかにこちらの意見のほうが正しいのに、権力を振りかざしてそれをつぶそうとしたり……。

（『頭に来てもアホとは戦うな！　人間関係を思い通りにし、最高のパフォーマンスを実現する方法』）

そういう目にあって、「悔しさで仕事が手に着かなかった」りする。「なぜ自分にばかり厳しく」あたるのかと「くよくよした」り、「はらわたが煮えくり返り、家に帰ってもなかなか怒りがおさまら」なくなることはよくある。

「しかし、間違っても『やり返してやろう』などと思っていないことを祈る」と田村はいうのである。

さらにこういっている。

自分も日本人だから、気持ちはわかる。しかし「アホが許せないという責任感や正義感はある意味素晴らしいが、やはりナイーブだともいえる」。

なんかおかしいのだ。「責任感や正義感」というのもおかしく、それが「素晴らしい」

というのもおかしく、「ナイーブ」というのもおかしい。

だいたい「アホ」に、「会議」や「チームメイト」や「権力」が絡んでくることもヘンである。

要するに、田村がおかしいのは、かれの「アホ」が、主に政治家を想定していることにある。かれが参議院議員だったときに、同僚や先輩議員にいじめられたのだろう。つまり、こちらの思う「アホ」と重ならないのだ。

そんなところへ、突如として「真理」が出てくるのも面妖である。

「悪い奴ほど出世する。どうやら真理と善悪とは別である。私が知る限り、少なくとも成功する人は善悪ではなく真理を追求しているようだ」なにいってんの？

「いい人生を送りたかったら、善悪の判断はできたほうがいいが、善悪、もっといえば勧善懲悪にこだわってはいけない。追求すべきは『真理』だ。一つの真理は、勧善懲悪を人生に期待してはいけないということだと思う」

わたしはこの「はじめに」の部分を読んで、この人大丈夫かと思った。「悔しい過去にこだわり、未来を犠牲にするか、それとも、成功するための真理に集中するのか」

わたしたちはたしかに、非常識なことを平気でいってくるバカに、言い返すことができず、ああいえばよかったとくよくよしたり、思い出しては腹が立つことがある。

しかしそれは「未来を犠牲」にしているのではないし、「成功するための真理に集中する」こととはなんの関係もないことだ。

いったいなんなのだ？　「成功するための真理に集中する」って。

この人はどういう人だと思い、略歴を見直してみた。

「国立シンガポール大学リー・クアンユー公共政策大学院兼任教授。ミルケン研究所シニアフェロー、インフォテリア（東証上場）取締役、データラマ社日本法人会長」、このあともだらだらと肩書がならび、最後に、「元参議院議員。イェール大学大学院卒業。日本人政治家で初めてハーバードビジネススクールのケース（事例）の主人公となる」とある。つい苫米地英人を思い出してしまった。もしかしてインチキ野郎かとおもったが、ウィキペディアにも記載があって、それによるとかれの経歴はとてもこんなものではない。もっと華々しく多彩である。

本の略歴には生年も出身地も書かれていないが、出身はどうやら鳥取市で、現在六十歳らしい。

なんだろ、この男は、と思っていると、待っていた新作の『頭に来てもアホとは戦うな！　賢者の反撃編』がやっと図書館から来たのである。

まず自分を「賢者」に見立てているところが、よくない。そして、ここでも著者のアホぶりは変わってないようである（それにしてもこの項、長すぎる。わたしの見積りミスである。すいません）。

「アホと戦うのは若者の特権でもある。エネルギーも時間も豊富。そこで戦いに敗れ傷ついても、回復は早いし、致命的なダメージにならない点も若者の利点である」

「アホと戦うのは若者の特権でもある」という文章の「特権」の使用法がへんである。「特権」とはいうまでもなく「特別の権利（権能）」のことだが、アホと戦う「権利」など、だれにも、またどんな世界にもない。編集者はよく放置したな。

アホに絡まれても、「スルーを決め込む」こと、それでも執拗なら「『やるときはやるぜ』という姿勢をチラ見せすることはとても有効」というより、必要だ。

「こいつを怒らせたらやっかいだ」と思わせること、「アホと戦ってはいけないが、なめられるのもよくない」。

できるかどうかは別にして、田村はここではじめて、そして唯一まともなことをいっている。

しかし、そのためには、と田村はまたへんなことをいうのである。まともが長続きしないのだ。

「目的に集中することだ。アホを含め、誰に対してもリスペクトを持って、楽しく、親切にし続けるのだ」。「こういう人こそ、アホがいたぶりの快感を覚えにくい」もしもそれでダメなら「モビリティを持っておくことが大事である。いざとなれば現在の職は辞しても何も困らない。そう思えれば、アホのいびりは気にならなくなる。辞められたら困るとまで思わせたら最高だろう」。

やはり「アホ」の正体は、会社の上司であり、先輩議員であり、その上の権力者なのである。わたし（たち）が考える世間の「バカ」とは相当ずれている。

田村は「おわりに」で、こういっている。

「私の主張の要点は『逃げる』ことでないことを覚えてほしい。『戦う』とか『逃げる』という視点を超えて、『アホと戦う時間とエネルギーがあるならそれを自分と向き合い自分をみつめることにあてて、人生の目的を見出し、それにまい進してほしい』というのが私の考えだ」

んーー。なにをいってるのかわからん。

わからんわけではないが、くそまどろっこしい。

それにしても「反撃編」の著者プロフィールが、前著の倍以上の記述になっているぞ。自慢癖だけはますます盛んになっているようだ。

財務省は今日もやりたい放題――高橋洋一

いまから二十年ほど前になるか、国の借金が八〇〇兆円を超え、このままでは国家が財政破綻しかねないといわれた。

それを、バカいっちゃいけない、もう片方には国の資産が十分にあるから、財政破綻なんかするはずがない、なんの問題もないといったのは高橋洋一である。

かれは国のバランスシートを初めて作り、霞が関「埋蔵金」の存在を明らかにして「時の人」となった。

昨年の十月、インボイス制度が導入されることになり、わたしは金融・財政に関する自分の無知を恥じて、財務省関係の本を読んでみた。

いやあ、びっくりした。東大出の財務官僚がここまでやり放題をしていたとは。

かつて専売公社（現ＪＴ）の職員だった森永卓郎が、「私は大蔵省の『奴隷』だった」と衝撃的な告白をしている（『ザイム真理教』三五館シンシャ、二〇二三）。

森永卓郎は一九五七年生まれの六十六歳である。

東京大学卒業後、かれは専売公社に入社した。当時、大蔵省主計局と専売公社主計課の関係は「隷属関係」にあり、「大蔵省の言うことには、絶対服従」だったという。

わたしはまず、官僚世界の支配構造の露骨な前近代性に驚いた。専売公社は当時、大蔵省の〝植民地〟だったのである。

予算編成の時期になると、森永は大蔵省主計局の前の廊下で「ずっと座っていること」が仕事だった。予算の査定をしている主査がなにかわからないことがあると、部屋のなかから「お〜い、もりなが〜」と叫ぶ。

数秒以内に主査の前に駆け付けないと「怒鳴りつけられる」のだ。廊下から脱兎のごとく駆け付ける森永の姿を想像して、ちょっとおもしろかったが。

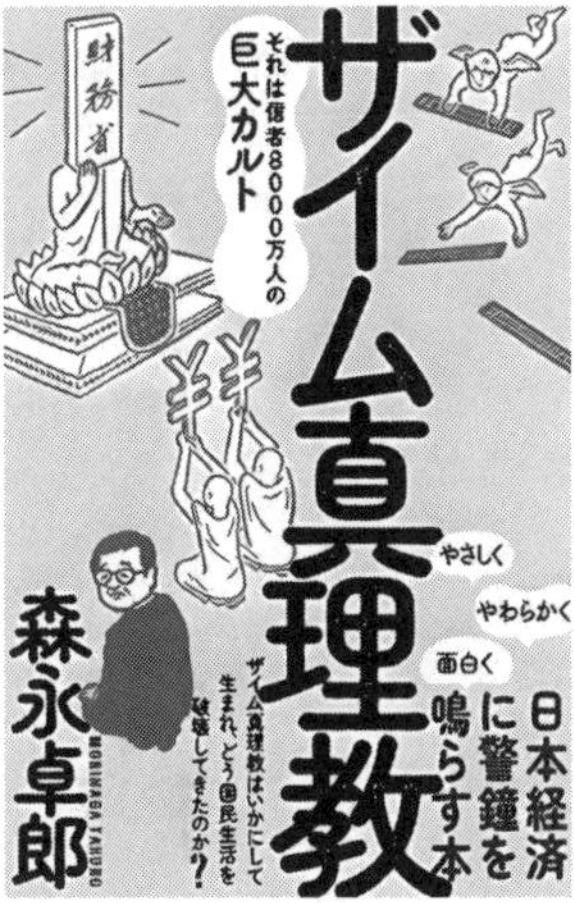

森永卓郎『ザイム真理教』
（三五館シンシャ）

「自分の周りの人間が、誰しもひれ伏してくる。自分の命令には、みなが絶対服従だ。本当は、大蔵省の役人に頭を下げているのではなく、予算というお金に頭を下げているにすぎないのだが。それには気づかないのだ」

これはあらゆる権力の支配・被支配構造の本質である。

だがそんな森永も、「大蔵省から予算を取った後、今度は工場や支社に予算を配分する立場に変わる」のである。今度は自分が「ミニ大蔵省」になって、下に威張り散らすのだ。これまたあらゆる権力の行使に共通する階段構造である。

関東支社の予算課員が入社一年目の森永に、忘年会をセットするから来ていただけないかと伺いを立てる。するとあの森永がこういったというのである。

「行ってもいいけどさ、女連れて来いよな」（そして当日、女性の予算課員がやってきた。それが現在の妻だという）。

ノーパンしゃぶしゃぶ接待花盛りだった時代のことである。もし森永が当時大蔵省の役人だったら、自分は接待にずぶずぶになっただろうといっている。人間は弱いものだから、と正直である。

高橋洋一は東大理学部数学科卒業。かれは中学のときに「東大の数学問題なら百点はとれた」（『コロナ騒動で分かった！　数字を読めない「文系バカ」が日本をダメにする』ＷＡＣ、二〇二二）というほどの「神童」だった。

数学者になるのが夢だったが、たまたま受けた公務員試験に受かり、大蔵省に入省した。森永にいわせると、〝財務省に唯一洗脳されなかった財務官僚〟である。高橋は一九五五年生まれの六十八歳。白洲次郎みたいな男だ。

高橋は財務官僚についてこういっている。

財務省が「政治家やマスコミ、他省庁をひれ伏させ、〝最強官庁〟の名をほしいままにしてきた」のは「予算編成権と国税査察権」があるからだ（『財務省を解体せよ！』宝島社新書、二〇一八。以下同）。

そのほかに、「天下り先のポストを差配する」人事権もある。財務省は「総理、官房長官、官房副長官のすべてに秘書官をだしている」のである。

官僚にとって一番大事なのは国よりも省、とよくいわれる。要するに、「いかに多くの予算を確保し、ＯＢを含めた自分たちの利益を確保できるか」という、いわゆる「省益第一主義」である。

しかし「財務官僚の場合、これに加えて『財政再建主義』という原則が加わ」る。つまり「なるべく歳出を減らし、歳入を増やすことに固執する」。これを実現するための「最も有力な手段」が「消費増税」である。

財政再建主義は、財務省の絶対譲れない宗旨である。

だから減税など決してしない。ガソリンがいくら高くなっても、ガソリン代の四割は税金だが、ガソリン減税はしない。財界には消費増税時に賛成してもらったので、企業の内部留保がいくら巨額になろうとも、「それへの課税は検討されることはありません」。

日本新聞協会は消費税のとき、「租税特別措置」という餌を与えられて消費税を免れたため、財務省批判ができない。

財務省はどうして「増税」にこだわるのか。

「結局のところ、自らの権益を拡大するため」つまり「歳出権の拡大」だ、というのが高橋の見解である。省の利益・権益のために国政を左右するのかと思うが、官僚たちならやりかねないのだ。

しかしそれでいて財務官僚たちは、自分たちは「国士」だと勘違いしているという。

「国士とは身を投げうって国家を支える憂国の士ですが、悪者になってもいいから、あえて国民に不人気な増税という選択肢をわれわれは選ぶのだと思い込み、正当化している」

それだけではない。官僚は無謬説の上にたっているから、絶対に自分たちの政策の非を認めようとしないのである。

高橋は、文書改ざん、事務次官のセクハラ発言、平気でうそをつく不誠実な答弁、財務官僚の傲慢さやおごりなど、最強がゆえにやりたい放題の財務省を改革するには「財務省解体」という荒業が必要だと主張する。

財務省解体とはどういうことか。「歳入庁」の新設である。

つまり「国税庁を財務省から切り離し、日本年金機構の徴収部門と合併させ」、「新たに税金と年金などの社会保険料の徴収を一括して行う『歳入庁』を新設すること。つまり、国税庁と日本年金機構の徴収部門を統合した組織をつくる」ことである。

しかし現状は「他省庁は予算を求め、政治家は徴税を恐れ、マスコミはネタを求めて、財務省にひれ伏しています。世界を見渡しても『予算編成権』という企画部門と、『徴税』という執行部門が一体となっている財務省のような組織は例外的です」。

財務省は税の入り口と出口をがっちりと握って放さないのである。

現在、「年金保険料の徴収漏れは数兆円規模と推計」される。しかしこれは歳入庁を創設すれば減らすことができる、と高橋はいう。

マイナンバー制度も、「消費税インボイス」もやるのなら、歳入庁創設を前提にしなければ有効とはいいがたい。そうすれば「税・社会保険料で合計10兆円程度の増収になる可能性がある」。

しかしできない。

政治家は国税庁の上部組織の財務省主税局に頭があがらない。財務省も権力の源泉であり、自分たちのポストでもある国税庁を死守する。

国税庁長官は事務次官になれなかった人が最後につくポストで、東京・名古屋・大阪国税局長も財務キャリア官僚のポストだ。マスコミも国税庁の調査能力を怖れて議論をすることさえしない。

歳入庁の創設に財務省は徹底的に抵抗する。「国税庁は財務省の〝植民地〟になっており、国税権力を財務省が手放さないのです」

歳入庁新設は永遠にできそうにない。財務省の徹底抗戦を跳ね返すほどの勢力（総理、党）が出てこない限り、無理である。

財務省は日本最大かつ最強のバカ勢力なのだが、だれも罰することができないのだ。

「シン・老人力」なんかない――和田秀樹

ここのところ老人本は和田秀樹のひとり勝ちで、ほとんど月刊和田秀樹というほどの勢いで、本を出しまくっている。

『シン・老人力』（小学館、二〇二三）もそのうちの最新の一冊である。

高齢者といえば、金を使わない、そのくせ不要な検査や薬剤や介護で国の医療費を平気で使いまくって「不況の元凶」のようにいわれる。

しかし、と和田はいう。かれは高齢者の味方である。

「元気で自立し、消費者としても大きな存在となっているのが、今の高齢層です。一昔前なら『老人』と言われていた年齢層の人たちも、今は健康面でも経済力でも、30～50代にひけをとるものではありません。／この元気で活動的な高齢層を、本書では、近年話題となった作品のタイトルになぞらえ、『シン・老人』と名づけたいと思います」

そんな勝手に名づけられても、当の老人であるわたしは全然うれしくもない。

和田によると、シン・老人とは「不良老人」であるべきで、それは「真面目に一生懸命働いてきた人が、その意識の延長で、コツコツと健康づくりに励んだり節約して貯金したりするのではなく、もっともっと自由気ままに、好きなことをして暮らしていいという意味」だといっている。

わたしは基本的に、年をとっても「自由気ままに」生きようという和田の考えに賛成するものである。

かれは、旧来の価値観に縛られてはいけない。「年甲斐もない」といわれるような「チャレンジもどんどんするべき」だし、「もう歳だから……」という理由で、「やりたいことを諦めるのは絶対にやめましょう」といっている。

しかし、ここまでいうと無理がたたっている。

いつもおなじことばかりいうわけにもいかないから、かれも多少論調がきつくなったりする。つい調子に乗りすぎるということもある。

年齢に関係なく、やってみたいと思ったら「どんどんするべき」であり、「やりたいことを諦めるのは絶対にやめましょう」なんて、そんなバカなことがあるものか。

助言ではなくて、煽りになっているのだ。

それに和田は「人生１００年時代」にのっかりすぎている。役に立ちそうなものなら、なんでも使おうという腹づもりである。

現状の「閉塞状態を打ち破るのは、不良的に生きるシン・老人たちによる、価値観の〝再革命〟です。『人生１００年時代』に適応するには、健康に対する考え方から、社会との関わり方まで、旧来の常識から脱して、時代の価値観を転換することが求められます」といい、それができるのが「シン・老人たちのもつパワー、いわば『シン・老人力』です」と和田は無理やりぶち上げている。

和田自身は六十歳そこそこなのに、老人の意識や生活をよく知っているようなことを書くんじゃない、といわれかねないことに多少引け目を感じているのか、つねに「30年以上にわたり、６０００人以上もの高齢者と向き合ってきた私の経験則」をもちだす。

われわれはリアルな老人だが、われわれは「わたしという老人」ひとりしか知らない。

それに比べて和田は、老人全般を診てきたといいたいのだろう。

しかしわれわれは時々刻々、日々の老人である。わたしは自分という老人を知るだけで十分である。

日々の老人ではありえない和田は、だから、観念的に「シン・老人たちによる、価値観の〝再革命〟」なんてバカなことをいうのである。

日野原重明や五木寛之も「新老人」という概念を考えた。それを踏まえて「シン・老人」を定義するなら、「何歳になっても意欲や好奇心をもち、元気に出歩いて消費もする、社会とつながりを保って暮らす老人」である、といっている。

さらに「シン」は単に「新しい」というだけではない。


失敗を恐れず、積極的に進歩的なことに挑む「進」、知識や考え方に深みがあり、洞察力に優れる「深」、意志が強く、信条を守り、生き方に芯がある「芯」、共感力や好感度が高く、誰からも親しまれる「親」、心構えが前向きで意欲や好奇心に満ちている「心」、元気に長生きするための身体ケアを怠らない「身」、品格があり、紳士淑女として立ち振る舞う「紳」など、さまざまな漢字に変換することができるのです。

だが世の中にこんなスーパーなじいさんは、いない。スーパーなばあさんも、いない。

またよく考えたね、と思うだけである。漢字合わせに酔っているきらいはあるが。

もしかしたらタイトルの「シン・老人」とともに、この七つの「シン」を考えたのも、編集部かもしれないと思う。しかしシブシブではあれ、あるいは「いいねこれ」とその言葉や概念を受け入れた責任は、やはり和田秀樹にある。

「あした死ぬかもよ」、いや死にゃあせん――ひすいこたろう

ひすいこたろうは、あなた、あした死ぬかもよ、という（『あした死ぬかもよ？　人生最後の日に笑って死ねる27の質問』ディスカヴァー・トゥエンティワン、二〇一二。以下同）。

いや、ここは戦地ではないから、ほとんどのひとは死なない。

と思っていると、話をかえられて、いきなりこんなことをいわれる。

「人生を終える日、どんな気持ちになっていたら最高ですか？」

やかましいよ。くだらんことを訊くものじゃない。

しかしひすいは、くだらん質問だと思っていない。

そのあとに別の質問で、「ほんとにやりたいことをやる人生と、ほんとはやりたくないことをやる人生。／あなたはどちらを選びますか？」。

のんきな考えでいいねえ。

ひすいは「ほんとうにやりたいことをやる人生を選びたいですよね」という。「しかし、予言しましょう」と偉そうにいい、このままの生き方をつづけていると、「人生最後の日、あなたは90％の確率で後悔することになりそうです」。

いつまでつまらん自問自答をやってるんだ。

「人生最後の日」に、後悔する余裕などあるのか。それに、後悔してもいいじゃないか。後悔することのなにが悪い？

黙って聞いていれば、わたしたちは、こんなくだらんことをさも事実のように読まされるわけか？

「この世の最大の不幸はなんでしょう？」

また、これだよ。

「それは、死が間近に迫ったときに、自分の人生を後悔することです」

死ぬ前に後悔することは最大の不幸である、ってか？

「しかし、それを避ける方法がたったひとつだけあります」

それは「この場でしっかり自分の死を想像してみればいい。／死を真剣に見つめることで、あなたは自分の『本心』（ハートの声）に気づくことができる」

はっきりいって、著者はインチキをいっている。

「死を真剣に見つめること」。そうすれば「あなたは自分の『本心』（ハートの声）に気づくことができる」って、なんのことだ？

ひすいは自分でもインチキをいっていることが、わかっている。決してあわないつじつまを、無理にあわせようとしている。

読むことがバカバカしくなってくる。

「いつか死ぬ身であることがハートに落ちたとき、人は自分のほんとうの気持ちを取り戻す」。そうなったら「ありのままの自分で、その湧き上がる本心から生きたとき、たとえ3日の命でも、そこに後悔はない。それが命というものです」。

もう無茶苦茶である。腹が立つほどいい加減である。

「ありのままの自分で、その湧き上がる本心から生き」るって、いったいどうするんだ。もちろんテキトーなことをいっているだけである。どうするもへちまもない。

そうやって生きられれば、たとえ三日の命でも「そこに後悔はない。それが命というものです」だって。

ばかいってんじゃない。

ひすいこたろうが何者か知らない。

年齢、経歴も公開されていないようである（作家、心理カウンセラーとある）。自分のことを「赤面症で人見知りで小心者」と書いている。が、意外にツラの皮が厚い。じいさんではなさそう。六十歳前後の初老、あたりか。

で、同書の「27の質問」の「0番目」がこれである。

「人生最後の日、なにに泣きたいほど後悔するだろう？」

もう、後悔することは、人生最大の痛恨事であるかのようだ。後悔するよ、明日死ぬかもよ、と不安を煽り立てている。タチが悪い。

そして下らぬことに、いまあなたは人生最後の日を迎えている、と想像してみてくださいという。

「あなたの一生は、どんな人生だったでしょうか？／いつ最後の日が来ても後悔はない。そんなふうに胸を張っていえる人生でしたか？」

「あなたは、あと20秒で死にます。／目がかすみ、もうほとんどなにも見えません」

「あなたは、あと10秒で死にます。／体の感覚が消えていき、空間に溶けこむかのように境目がなくなりました」

「はい、あなたはたったいま死にました」

「あなたは、今死にました。／ほんとに死んだつもりで、これから5分間、身動きひとつせず目を閉じて、死を感じてください。／5分たったら、次のページをひらいてください」

はい、ここまでで冒頭わずか十一頁である。最初から最後までこんな調子なのだ。

なにが「はい、あなたはたったいま死にました」だ。やかましいわ。

まったくよくないのである。まじめに「5分間、死を感じ」た人はいるのだろうか。

そして、このあとにくだらない質問が二十七個並んでいるのだ。はっきりいってしまうが、愚問だらけである。

参考までに最初の五問を挙げてみる。「あと何回桜を見られるだろう？」「どんな制限を自分にかけているだろうか？」「あなたが両親を選んで生まれてきたのだとしたら、その理由はなんだろう？」「あなたの人生は、100点満点中、いま何点？」「失う前に、気がつきたい幸せはなんですか？」

ひすいこたろう、なにをしたいのか。

人生一〇〇年バカの面々

リンダ・グラットン／アンドリュー・スコットの『LIFE SHIFT（ライフ・シフト）』

１００年時代の人生戦略』が出版されたのは二〇一六年。この一冊の本で、政府も含めて、日本中が煽られまくった。

そしていまでは、「人生一〇〇年」が既成事実となってしまったのである。

井戸美枝『一般論はもういいので、私の老後のお金「答え」をください！ 増補改訂版』（日経ＢＰ、二〇二二）。

この本が「人生１００年時代」を枕詞のように使っているのだ。

「人生１００年と呼ばれる時代が到来」「人生１００年時代は、自分の人生を自由にデザインする時代でもあります」「人生１００年時代は、副（複）業、転職、独立と働き方が多様化します」「女性の２人に１人は90歳まで生きる時代です」「老後資金は１００歳まで考える必要があります」

しかしいったい、人生一〇〇年を目標に計画をたてるバカがいるものか。

いま百歳の人にきいてみるがいい。あなたは百まで生きるつもりでしたか、と。たいていの人が、いやそんなことは考えもしなかった、というにちがいない。

井戸はうれしいことに、「様々なルールが変わる人生１００年時代に老後のお金に困らないための３つの原則を紹介しましょう」という。うん、是非紹介してくれ。

まずは「生涯にわたり収入を得られるスキルや仕事を持つこと」「常に収入の範囲内で

暮らすスタイルを持つこと」。最後に「自分が将来年金をいくら受け取れるかも早くから認識しておくこと」。

カックン。全然ありがたくなかったな。

やたら「人生１００年時代」が連発される。「人生１００年時代。『95歳まで生きるには公的年金だけでは老後資金が２０００万円不足する』という」「人生１００年時代、愛と学びとバカンスを存分に楽しみたいもの」

これではなにもいっていないに等しいのだ。


タイトルで「人生１００年」を謳っているのは、帯津良一『人生１００年時代を楽しく生きる 帯津式養生12か条』（春陽堂書店、二〇二三）である。

帯津は一九三六年生まれ、八十七歳。わたしより十歳上、ということは養老孟司とおなじである。

しかしタイトルには「人生１００年時代を楽しく生きる」とあるものの、「はじめに」を読んでみても、目次を開いても全然そんなことは書いていない。

これはまた編集者が余計なことを考えただけなのかなと思った。ところが第1章にかろうじて、「人生１００年時代、自分らしく堂々と、ここまで生きてきた自分自身を褒めてあげたいと思いませんか」と出てくる。

帯津はこんなことをいっている。「死は誰にでも必ずやって来ますが、忌まわしいものでも避けるべきものでもありません。今からその日を迎えるのが楽しみでたまらないほど、希望に満ちた『旅立ちの日』です」

そういわれてもなあ。あまり賛同が得られるような考えとはいえない。帯津がいうのは勝手だが、死ぬ日が「楽しみでたまらない」というのは無理である。

帯津は、人がよさそうなのだが、調子がよすぎる。

「私自身、自分の人生が華やかになってきたと感じたのは60歳を過ぎてからです。（略）70代になってはじめて、『今日が最後だと思って生きよう』と思いました。／そして、80代になってから、やっと死を現実視するようになったのです。向こうの世界に行くのが楽しみになってきたのは、ここ3～4年のことです」

結論。「老い、体力の衰え、すべてを受け入れて、毎日の生活の中で希望を抱き、心をときめかせる、これがいちばんだと思っています」

いいたいことはわかるが、べつだんいいではないか。「希望を抱」かなくても、「心をときめかせ」なくても。それに「向こうの世界」などない。

「歳をとると、過去のいいことばかりを覚えていて、昔はよかったという気持ちになりがちです。しかし、そんなふうに、昔を懐かしんでも意味がありません。いくら歳を重ねても、大事なのはこれからです。この先の人生の生き方だと思うのです」

そんなことはわかっている。

しかし楽しかった昔のことを思い出すのがなぜいけない。意味がないというが、楽しいこと、幸せだったことは昔にあるのである。それを懐かしむのは意味のあることだ。

それに比べて「この先の人生の生き方」になにがある？「大事なのはこれから」？バカいってんじゃない。もうきまりきった人生だ。

そんなことをいえば、現在、八十歳だとしても、あとまだ二十年もある。

しかしいくつになっても脳は冴え、体は元気で、金にも不足はない、と「この先」のいいことばっかりを考えているのだ。

帯津は、自分の死に方のイメージについて「まだ陽のある夕方、仕事を終えて居酒屋の店先の、暖簾に手をやったとき、そこでバタッと倒れて、事切れる」のがいい、という。

もうひとつある。

「仕事中、病院の廊下を歩いていて、突然前に倒れ込む私を、ちょうど前から来た看護師が抱きとめてくれて、私は彼女の胸に顔を埋めて息絶える……。何とも幸せな旅立ちではないでしょうか」

死は苦しいものではない、むしろ楽しいものだ、と考えすぎて（といいたくて）、こんな妄想に駆られるようになったのである。いい気なもんである。

これは「老害の人」というほどでもない――内館牧子

『定年バカ』以来、バカといえば、内館牧子の小説にお世話になってきた。今回は『老害の人』（講談社、二〇二二。以下同）である。

ちなみに内館牧子は七十五歳で、押しも押されもしない老人だ。

どんな老害野郎が出てくるかと楽しみにしていたら、昔の自分の能力自慢話、病気自慢、クレームバカ、俳句自慢絵画自慢をする老人ばかりである。

ふつうである。

親しいばあさんが食欲がない。どうせ来年の今頃はもうこの世にいないし、とこぼす。もうひとりのばあさんが「バカねえ、人生百年よ。まだ何だってできるのよ」という。もうだれもかれもが、「人生一〇〇年」をいいたくてしかたがないらしい。みんな頭に刷り込まれているのだ。

八十五歳の、ボードゲームを作っている零細企業の前社長の戸山福太郎が主人公。その娘明代がこう考える。娘といっても、おばさんだ。

わたしには彼女の気持ち（つまり内館の気持ち）がよくわかる。

「よく若い人は『やらずに後悔するより、やって後悔した方がいい』と言う。恥ずかしくて赤面するほどのきれいごとだ。やって大失敗して後悔して、家族は崩壊。友人たちと顔を合わせることも避けて、生きて行くのか。後悔したくないからと、何にでも挑戦するのは頭が悪いだけだ」

ひすいこたろう、よく聞いておきなさい。

前にすこしふれたが、佐藤琢磨が「ノーアタック、ノーチャンス」という。かれの場合、「追い抜くこと（オーバーテイク）に挑戦しないと、優勝するチャンスさえない」ということだ。ところがバカは、そういう言葉を覚えたことがうれしいのか、人生全般に適用してしまうのである。

「日本はどうしてこんな国になったんでしょうねえ。年を取るほどにバカにされ、相手にされなくなるんです。わけ知り顔どもが、人権だのジェンダーだのとほざきまくってますけど、長く生きて来た人間が小さくなっている社会をどうにかする方が先ですよ」

明代の息子の高校生の倅が、こういう。

「たぶん、老人ってさ、自分は生きてる価値があるのかなって……どっかで思ってるんだろな」

いいや、思ってない。

生きてる価値など考えやしない。そんなものがあろうとなかろうと、生きている、というのが正しい。

福太郎「いいか、世のジジババは、みんな自分の老後ばっか考えてやがる。だから趣味だカルチャーだしかねンだよ。あげく世の中が『年齢は関係ない』だの『何かを始めようと思った時が一番若い』だの、恥ずかし気もなくきいた風な口叩きやがる。そのくせ、ハナっから老人は頭数には入れてねえ」

ふふ。おっしゃるとおりだ。

わたしも現在の風潮に乗って「老後」本を書いたが、老後なんかどうだっていいじゃないか、と思い始めている。

テレビ、週刊誌、雑誌などに煽られているのではないか。「ほい。団塊の世代は『定年』が終わってしまったぞ。今度は『老後』だ」というようにである。

福太郎「だいたい、我が子や孫を自慢するヤツらの多くは、『親バカですけど』とか『バババカで』『ジジバカで』と前振りする。そう振っておけば、ジョークめいてチャラになると思っているのだろう。なるものか、バカどもが」

内館も乗ってきたな。「バカどもが」がいい。

ついでに若い世代にもひとくさり。

孫の俊は祖父の会社を継がず、大学にもいかず、農業の達人の松木の会社に入るという。松木は俊に社会人として守るべきことを伝える（これも内館の考えだ）。

「まずやってもらうこと。それは礼儀作法」「またかよと思っただろうが、まただよ。来客にも近所の人にも、必ず挨拶しろ。相手がしなくても毎回しろ」

「ご飯の時は頂きます、ごちそうさま。そして残さない。あと言葉使い」

「これもまたかよと思うだろうが、誰に対してもきちんとした日本語を使え。俺の前で『メッチャ』だの『ハンパない』だの『フツーにおいしい』だの『バズる』だのと言ったら、辞めてもらう」

けれど残念ながら、福太郎や松木の言葉は現代日本にはとどかない。中川淳一郎の言葉も無視されて終わりである。

ただ「フツーにおいしい」はいいのではないか。

第5章　純粋バカ老人批判

これが世界の三大バカ老人だ――プーチン、習近平、アウン・フライン

一口にバカといっても、種類や程度は無数、存在は無限である。

身近にいるたった一人のバカは、なるほど世間に対する影響力は小さいかもしれないが、迷惑（被害）を被る人間にとってはたまったもんじゃない。

下手をすると生活に支障がでたり、ひどいときには身体生命の安全が脅かされる。

バカに勝つ手はない。

常識がまったく通用しないからだ。

バカが国のトップに立ったりすると、被害は甚大である。国民だけにとどまらず、ときには他国民をも巻き込んでしまうからだ。

歴史上、そんな例は枚挙に暇がない。現在でも多々ある。

しかもこのバカに「老い」が加わると、目も当てられない事態になる。

「老い」は、腐ったゴムのように可塑性がないから、やることすべてに寸毫の反省もない。もともと頭が固まって反省がないからバカ、なわけなのだが、「老い」はそれをさらに不可逆的に強化するのだ。

バカの特徴の一つは、世間にはとっくにばれているのに、自分がバカだと思っていないことである。だから無茶苦茶をやってもまったく平気なのだ。

特徴の二は、平気でうそをつくことである。生まれてからほんとうのことをいったことがないのじゃないかと思うほど、ウソが板についているのだ。

特徴の三は、若いときからバカだということで、老人になってから急にバカになったということはない。

そして特徴の四は、俗情のかたまりだ、ということである。

そこでこの四条件に照らして現在の世界を見渡してみれば（とはいえもう最初から決めていたのだが）、世界の三大バカ老人が浮上する。

ロシアのプーチン大統領（七十一歳）、中国の習近平国家主席（七十歳）、それにミャンマーの軍総司令官ミン・アウン・フライン（六十七歳）である。

三人目のアウン・フラインについては異論が出るかもしれない。

その前にイランのハメネイ師（八十四歳）がいるじゃないか。いや、北朝鮮の金正恩総書記（四十歳）はどうした？　あるいは前米大統領のトランプ（七十七歳）や、シリアのアサド大統領（五十八歳）はどうなのか？

いろんなお考えはあると思うが、どうか我慢していただきたい。もちろん、ご自分の

「三バカ老人」を考えるのは、自由である。

ちなみにロシアにはまだいる。

ロシアには大根役者が揃っており、その三バカ大将はプーチン、ラブロフ外相（七十四歳）とショイグ国防相（六十八歳）である。その下に次の三バカ大将予備軍のメドベージェフ（五十八歳）がいる。

このリトルプーチンも相当なバカである。なにかというと、すぐ「核」を口にする。前駐日ロシア大使のミハイル・ガルージンも結構なバカ老人であった。と思ったら意外に若く、六十三歳。

プーチンなんかは一国の指導者というより、ただの殺人者や虐殺者と呼んでもいいくらいだ。習近平もアウン・フラインもアサドも金正恩もそうである。トランプなんかは性犯罪者ではないか。

かれらに共通していることは、証拠さえなければ、なにをしてもいいと考えていることだ。証拠らしきものが出てきても、「フェイクだ」と否定すればいい。プリゴジン殺害などひどいものだ。

習近平の中国も、いうことなすことがひとつも信用できない。

中国の報道官は人権、平和、国際法を生意気に口にはするが、よくも口が腐らないものだ。中国はこれまで一つでもほんとうのことをいったことがないし、一つでも世界のためになることをしたことがない。

ミン・アウン・フラインは典型的な政治的後進国の独裁者である。

かれは二〇一一年にミャンマー軍の総司令官に就任して以来、権力を乱用して、一家でミャンマーを食い物にしている。

そしてこのアウン・フラインを後押ししているのが習近平でありプーチンだ。

アウン・フラインは、国内の反政府勢力弾圧のためだけに、中国とロシアから武器や戦闘機を購入しているのである。

この三老人は利権でつながり、金と暴力による後進的統治でつながっている同じ穴のムジナである。

しかし世界はかれらを排除できない。国連は完全に機能不全に陥っている。

その無力感にいても立ってもいられなくなったのか、プーチンに関して日本でこういうことがあった。

二〇二二年六月、七十二歳のじいさんが〝プーチンわら人形〟を作って、千葉県松戸市の神社の神木に釘で打ち付け、逮捕されたというのである。

その男は、本殿で律儀に二礼二拍手一礼をしたあと、神社奥に行き、プーチンの顔写真を貼り付けたわら人形を木に打ち付けたのである。額には「凶」と書かれ、人形の体内からは「ウラジーミル・プーチン　1952年10月7日生　70才　抹殺祈願」と書かれた紙が出てきたという。

　このじいさんは妻と二人暮らしで、ふだんのかれは花を植えたり、教会に行ったりする気持ちの優しい人のようだ。逮捕後かれは黙秘したというが、まあ大した罪にもならず釈放されたことだろう。

　やむにやまれぬ大和魂がそうさせたのかもしれない。気持ちはわかるが、やったことがちょっとバカだったかもしれない。

人間の愚劣さに愛想が尽きる――統治者の資格

　人間の愚かさは、すべて権力に発する。

　国家大の巨大な権力であれ、一個人が弱者相手にふるう力であれ、これが諸悪の根源である。なんのために、だれのために権力を使うか、を考えたこともない人間が権力をにぎると、最悪である。

　人間は力を正しく行使することができない。

行使するにはバカすぎるのである。前項で見た三大バカの愚劣さには愛想が尽きる。あの毛沢東は、中国を建国するやいなや、現在のプーチンのように、チベットを侵略し、植民地化したのだ。

権力を持ってなお、鬼平（池波正太郎が描く長谷川平蔵）みたいにまともな人間は、稀有である。

松代藩の前藩主だった真田信之も、いまでは九十三歳になり、近在の柴村に隠棲している。寵臣の師岡治助にいう。

「治政するもののつとめはなあ、治助――領民家来の幸福を願うこと、これ一つよりないのじゃ。そのために、おのれが進んで背負う苦痛を忍ぶことのできぬものは、人の上に立つことをやめねばならぬ……人は、わしを名君と呼ぶ。名君であたりまえなのじゃ。少しも偉くはない。大名たるものは皆、名君でなくてはならぬ。それがほめられるべきことでもなんでもない、百姓がクワを握り、商人がそろばんをはじくことと同じことなのじゃ」

（池波正太郎「錯乱」『錯乱』所収。春陽文庫）。

小説からの引用とはいえ、まさにそのとおりではないか。

池波正太郎はすべての政治家、経営者、指導者が心すべきことをいっている。前項の三バカ大将以外の、民主主義国の指導者といえどもおなじである。

一国の指導者になってなにをしたいかという理念もなく、ただその「地位」に上がってみたいというだけのぼんくらが多すぎるのである。

信之は、さらにいう。

「家来が殿様を偉いと思い込んでしもうてはだめなのじゃ。もうこわくて口がきけなくなる」「じゃからなあ、治助。良き治政とは、名君があり、そして名臣がなくては成り立たぬものなのじゃ。そのどちらが欠けてもだめなものよ」

国民は、上のものを仰ぎ見てはならぬ。

ましてやたかが芸能人ごときに会ったくらいで、神にあったものの如く涙を流すなど、愚の骨頂である。

アフガニスタンのタリバンのように、統治能力もないのに政権を奪取するものがいる。ムハンマド・ハッサン・アフンドという老政治家がトップにいるようだが、かれらは政権を取って、いったいなにがやりたいのか。

ニュースとして入ってくるのは、女性の弾圧だけである。無知無能なものが国の頂点に立つと、どうにもならない。

さて、いまさら田原総一朗（八十九歳）でもあるまい、とは思うが、老人の小権力者ということでは、やはり一言ふれておかねばなるまい。これほど「バカ老人」にぴったりの逸材もほかにいないからである。

二〇二三年一月一日に放送された番組「朝まで生テレビ！」（テレビ朝日系）は、「２０２３年の日本は良くなる？　悪くなる？」というテーマだった。

田原は、パネリストのお笑い芸人でジャーナリストのたかまつななに、「あなたは、本当は日本は良くなると思ってるの、思ってないの？」と問いかけ、たかまつが「思ってないです」というと、いきなり「だったらこの国から出て行け！」と激怒したのだという（わたしは以前はバカみたいに毎回この番組を見ていたが、いまは見ていない）。

ネットで、これはパワハラじゃないのかと、ちょっとした話題になったというが、田原はこんなこと、日常茶飯事である。

田原は、時の総理だろうと対等の口を利く、というのが自慢らしいが、だれからもめんどうくさがられてるとは知らない。しかも田原は弱い相手はいじめるが、手強そうな相手に思わぬ反撃を食らうと、ムニャムニャいいながら黙り込んでしまうのだ。

田原は番組終了後、口先だけで「失礼致しました。たかまつさんには絶望しないで頑張り続けて欲しいので、その気持ちをぶつけてしまいました。これからも宜しくお願い致します」と謝罪し、なあなあで終わってしまった。

なにが「これからも宜しくお願い致します」だ。

ところが、舌の根が乾いた十月には、今度は玉木雄一郎・国民民主党代表に「うるさい！　黙れ！」と怒鳴りつける始末。

またもネットで批判されると、「ご視聴ありがとうございます。おっしゃる通りです。話しをじっくり聴かなくてはいけないです。心から反省してます」といったらしいが、「ご指摘感謝致します」とまったく懲りていないのである。食えないじじいだ。

いまや田原総一朗は老害以外のなにものでもない。しかし、こんな老人ひとり、テレビ朝日は辞めさせることができないのだ。

これじゃあプーチンや金正恩を排除できないのも無理はない。

人間のバカ1――映画産業、「スターシステム」

人間は虚構の価値を作ってきた。

もともと人間が価値という概念をつくったのが最初である。価値の条件は、希少性だといわれるが、はっきりいって無根拠である。

そういう意味ですべて価値とされるものは虚構の価値である。

虚構の価値は、人間、モノ、コトに価値の序列をもたらした。

人間においては、権力者、富豪、俳優、英雄、社長などが上位で、一般人や無位無名は下位。

モノにおいては、希少な宝石、絵画、金、財産、武器などが上位で、ありふれたものや無所有は下位。

コトにおいては、宗教、世界記録、映画産業、派手などが上位で、無力、普通、地味は下位である（＊）。

（＊）日本の場合、このコトにおいてさらに、「明治後の東京が異常な憧憬を地方からうけて」いることを挙げてもいいかもしれない（司馬遼太郎『街道をゆく37』）。

アメリカで、地方の人がワシントンD・Cに憧れて上がってくる、なんて話は聞いたことがないのである、と司馬は語っている。またこの「都あこがれという日本人の習癖」は平城京のころからあるのではないか、と推測している。

ＮＨＫの「映像の世紀バタフライエフェクト　ハリウッド：夢と狂気の映画の都」（二〇二三・五・一五）は、その映画産業の発展を描いて秀逸だった。

おもしろかっただけでなく、啓蒙された。

たとえば、人はなぜ映画俳優（芸能人、有名人）を憧憬するのか。

かれらの中身は、あなたとおなじ、ただの男と女である。もっといえば、俗物である。なのになぜ人は、かれらを遥か上の人間のように仰ぎ見るのか。

前にもふれたが、おばさんたちは火野正平に会っただけで「もう死んでもいい」といい、十六歳の女子高校生は、「わたしたちの世代はジャニーズがいないと生きていけない」といい、ＳＮＳで銀座に集まった女子群衆は、Stray Kids というグループのヒョンジンを見て、「同じ空気を吸えてうれしい」と興奮する。

なんなのだ、これは？

世界中でこういう現象は存在している。憧憬と怨嗟と差別と誹謗の根源であると思う。

一八九六年、映画史上初めてのキスシーンが東海岸で撮影された。それから約百三十年、現在では性行為が撮影されるまでになった。

映画は瞬く間に人々の心をとらえた。映画の中心は西海岸に移った。ハリウッドである。早くも映画で成功を夢見る若者たちが集まるようになる。やはり今も昔も、集まったのは女性が多かった。

成功を夢見る若者たちはプロデューサーや映画人に笑顔を振りまき、いわれるままにラインダンスをした。しかし早くも危うし。かれらを待っていたのは、「彼らの夢をむさぼりつくすモンスターだった」のである。

当時のハリウッドの牧師の言葉が残っている。

「世界中から何千人もの少年少女をハリウッドに呼び寄せる。かれらは幸運と名声を夢見て絶え間なくやってくるが、何が待っているのかまったく知らず、大失敗や恥辱、あるいは幻滅を味わう運命にあるのだ」

西海岸の静かな田舎町で、映画人たちは勝手放題に撮影を行った。あまりの傍若無人な振る舞いに、住民たちは眉をひそめた。

当時のハリウッドの不動産広告には「映画人お断り」の文句。商店は彼らの出入りを嫌い「犬と俳優はお断り」の看板を立てた。映画は低俗な娯楽だとみなされていた。観客の多くは貧しい移民や労働者だった。

そんな映画を一人の男が芸術の域にまで高めた。映画の父と呼ばれるD・W・グリフィス監督である。

かれが作った一九一五年公開の「國民の創生」は、二億人の観衆を集め、興行収入は当時の最高額を記録した。グリフィスは「私があらわれる前の映画の世界を覚えているか？どんなに小さい世界だったか。私が命を吹き込んだ」のだと豪語した。

グリフィスは映画を一大産業に押し上げたのである。

一九三三年、ハリウッドは黄金期を迎え、世界最大の映画の都になった。全米から成功を夢見て若者たちが押し寄せた。

人口は当初の五千人から十五万人に増えた。成功したものはハリウッド近郊の住宅地に豪邸を構えた。ビバリーヒルズである。

映画スタジオでは三万人の従業員が三百の部署に分かれて働いた。ハリウッドを牛耳っていたのは五つの巨大映画会社である。

なかでも最大だったのはＭＧＭ（メトロ・ゴールドウィン・メイヤー）である。率いたのはハリウッドのライオンと呼ばれた、ユダヤ人実業家にして映画プロデューサーのルイス・Ｂ・メイヤーだ。

かれが確立したのが、無名の若者を発掘し、巨額の金をかけてスターに育て上げる「スターシステム」である。

ここでも映像に残っているのは若い女たちだ。コーチに号令されるまま、トレーニングに喜々として挑んだ。かれらはメイクの仕方から立ち居振る舞いにいたるまで徹底的に管理された。

メイヤーがこういっている。「スターは慎重かつ冷酷に、ゼロから誰からでも作り上げることができる。年齢、美しさ、才能なんて関係ない。私たちは毎日、メス豚の耳から絹の財布を作ることができるのだ」

これが、写真を撮られることにさえ照れる素人娘を、華美な衣装を身にまとい、あるいは裸になることもいとわず、堂々とシナをつくり、露骨にフリをし、どんな表情でもできる「スター」に作り変える。

これは現在の芸能界にまでつづく「システム」である。ちやほやされて、いつの間にか、おれは（わたしは）芸能人だぞとのぼせあがる人間が、できあがるのである。

こうして素人娘から「庶民の憧れの的へと変貌させ」られて成功したひとりが、ジュディ・ガーランドである。

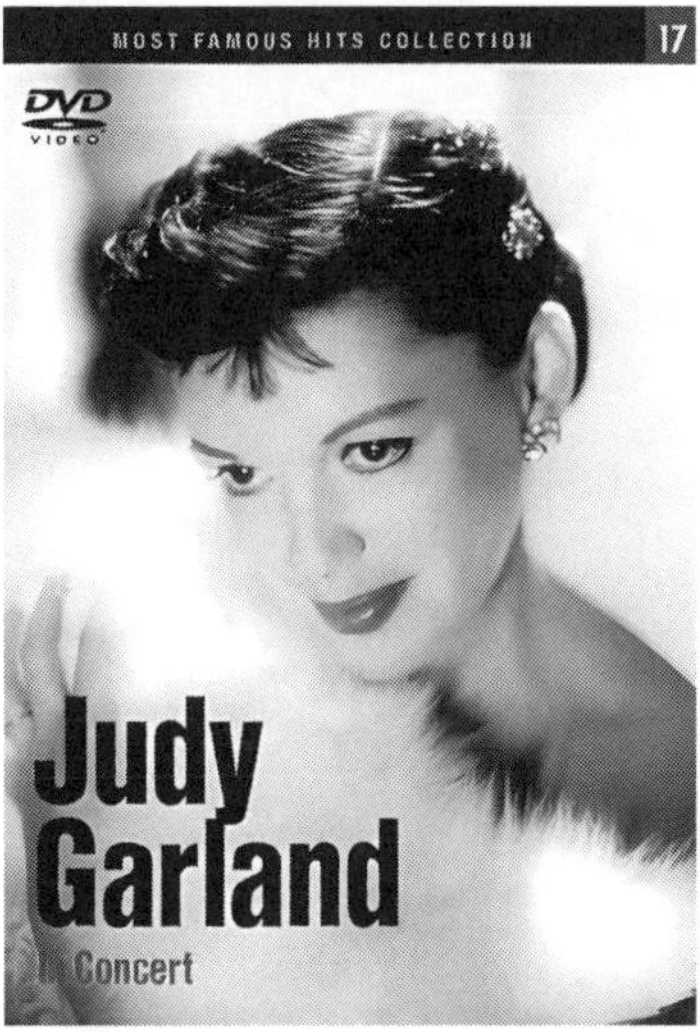

ジュディ・ガーランド　PSD-517
（キープ）

彼女は一世を風靡した。しかしジュディはプライベートまで徹底的に管理された。覚醒剤を飲まされ、食事は管理された。「私は何百万ドルも投資された資産なのよ、もし私が太ったら働けなくなる。だから私は太るわけにはいかなかったのよ」

メイヤーはガーランドにセクハラを行っていた。

権力をもった男がやることはいつもおなじだ。映画会社の大物が、女優に役を与える見返りに性的関係を迫ることは「キャスティングカウチ（役を得るための寝椅子）」と呼ばれ、当時はあたりまえのことだった。

それが今に至る。

ある女優の卵がこういった。「オペラ歌手が声を使うのと同じよ。私たちは体を使うだけ」。現在ではジェシカ・チャステインがこういっている。「一部の男性が権力を振りかざして女性たちを苦しめている。この業界ではセクハラ行為を普通のことのように感じてしまっていた」

ジュディの末路は哀れだった。政府や軍の求めに応じ、戦意高揚プロパガンダに利用された。一九六九年、ジュディ・ガーランド死去。

こんな言葉を残している。

「どこへ行こうと、何をしていようと、ハリウッドから離れることなんて出来ないのです。ハリウッド映画に出ることは、女の子が持つ最高の野望のひとつだと今でも思っています」

華美な映画産業と俳優の魔力に取りつかれたものは、その世界が忘れられない。

「ラブシーン、頑張りました！　ぜひ観てください‼」

そういう世界での虚構の魔力はこういうものである。

「木村佳乃の一大転機となった」映画は、蜷川実花の初監督作品の『さくらん』（原作・安野モヨコ）だ、と書くのはフリーライターの岩佐陽一である。

江戸時代の吉原で働く花魁たちを描いた映画だが、木村佳乃は芸者の高尾を演じた。

「この作品で彼女は、着物を脱がされ、胸もあらわに揉みしだかれ……喘ぎ悶える、というとても扇情的な濡れ場を演じた」と岩佐は書いている。

で、見てみた。

木村はミスキャストだなという思いが終始つきまとったが、たしかに胸は揉まれている。しかし、「胸もあらわに揉みしだかれ……」という形容には遠く、右乳房が男の手で隠され、ただ動かされているといった体だった。

別に残念だったというのではない。

岩佐はさらにこのように書いている。

……この映画の記者会見時、木村はなんの屈託もない明るい笑顔で「ラブシーン、頑張りました！　ぜひ観てください!!」と語り、実際に映画を観ると印象は覆され、ご本人的にも演《や》り切った、出し切れた濡れ場となったのだろう。

（https://bunshun.jp/articles/-/63601?page=2）

木村佳乃のこの言葉には、あきらかに俳優（女優）という存在は別格だという意識が濃厚である。人がそう思い、自分もそう思い込んでいる。

したがって、裸であろうと、濡れ場であろうと、「演じる」という行為が別格の仕事だから、行為の意味も高尚な（芸術的な？）意味をもつとされる。これは作る側も演じる側も両方が抱いている（抱きたがっている）幻想である。

しかし観客には、「芸者の高尾」が悶えているというのではなく、どう見ても「木村佳乃」が悶えてるとしか見えないのだ。

これが「体当たり演技」だの「一皮むけた」だの「女優魂」といわれたものの正体である。ひとは女優の「演技」を見ているのではなく、「女優」そのもの、つまり木村佳乃を見ているのである。

わたしは映画が好きである。

映画は総合芸術だといわれる。また映画は、華やかで巨額の資金が投入され、数百人の人間が参加する巨大産業になっている。ものによっては、数百億円の収益もある。

しかし、俳優が芝居をするのは、農民がコメを作り、漁師が魚を獲るのとおなじだ。もしかしたら、医師が十二時間かけて手術をし、建築技術者が三〇〇メートルの巨大橋を架けかえるのに比べたら、それ以下かもしれない。

俳優（芸能人）も肩書をとってみれば、ただの男と女にすぎない。ゆえにわたしは、一般の人間がかれらを見上げる姿が好きでない。

わたしは名君＝百姓＝商人の世界を、少なくとも意識のなかで成立させたいのである。

人間のバカ2——宝石、絵画、大富豪、世界記録

どうしてできたのかわからないが、世界の歴史には王様というのが存在した。いまも数少ないが存在している。そしてなぜかは知らないが、かれらは巨万の富を得、贅の限りを尽くした。

ベルサイユ宮殿という巨大な宮殿がある。フランスのルイ十四世が造った。

たしかに見てみるとその豪華さに感嘆するが、考えてみればバカバカしい建物だ。たったひとりのために建てたのだ。

現代ではさすがにそんなバカげたものを作るものはいない。しかし資産の額でいえば、たとえばイーロン・マスクの資産は、昨年で約二四〇〇億ドル（約三五兆円）である。中堅どころの国家予算より多いのだ（比べても意味はないが、ロシアの二〇一八年度の国家予算は約二七兆円だ）。

これはバカげているが、しょうがないのである。世界がそういう仕組みになっているのだ。しかし、しょうがないが、バカげていることに変わりはない。

ちなみに、われらが大谷翔平の二〇二三年度の総収入は、六五〇〇万ドル（約八五億円）で、大リーグでは史上最高額のようである（昨季の年俸は約四〇億円）。これもバカバカしいといえば、バカバカしい。

最近のお笑い芸人でも、億の年収があるのはめずらしくもない。

大金持ちの資産に合わせるように、人間は商品の価格もべらぼうに上げてきた。根拠はなにもない。値を付ける側の、言い値だ。

世界で一番高い宝石は、二〇一三年にオークションで落札されたピンクダイヤモンドで、約八三〇〇万ドル（約八五億円）のようである。

何十億円もする楽器や美術品もめずらしくない。

オーストリアのウィーン分離派を代表する画家グスタフ・クリムトの最晩年の作品「扇

を持つ婦人」が、昨年（二〇二三年）オークションに掛けられ、七四〇〇万ポンド（約一三六億円）で落札されたという。

バンクシーの絵にも数千万円の値段がつく。

あれくらいの絵を描くやつは世間にごまんといる。しかしどこかの食い詰め美術評論家が、これにはン百万円の価値があるといい、マスコミが騒げば、素人も煽られて、バカなことにその価格で通るようになる（わたしの推測だが、たぶんそんなところだろう）。

グスタフ・クリムト「扇を持つ婦人」
(1917)

バカである。こういう商売をしてるバカ、それになにもわからずに乗っかって買うバカ、それをニュース価値があると思い報じるバカで、世界は回っている。

豪邸、車、クルーザー、時計、もうピンからキリまであるのだ。この価値観に振り回されて、人間のバカも回っているのだ。

普通の生活にはまるで不要な高額な商品やバカみたいな収入。人間はこういうバカみたいな価格体系、収益構造をつくったのだ。

これらの途方もないバカ行為にくらべれば、近所の世間のバカはかわいいものだ。

しかしうれしいことに、他方にはまだ膨大なまっとうな世界がある。

数百円で世界のどこにも送られる郵便、一〇〇円やるから作ってみろといわれても絶対に作れないさまざまな一〇〇円均一商品、命を懸けた職人の技量と質の高い製品、安い価格でうまい料理を提供する企業。

ようするに人間世界の上澄みの表面を虚業が覆い、君臨し、その下の膨大な世界を堅実な実業が支えているのである。

だからバカばっかしが威張り、世界を支配しているような顔をしていても、健全な実業の世界があるから、かろうじて世界はまだ正気を保っていられるのだ。

認定バカ1――「レオン」おやじ

ラグビーに認定トライというのがある。

ゴール間際で繰り返される相手側の反則に、その反則がなければまちがいなくトライになっただろうと審判が判断してトライとする、というのが認定トライである。

昔、明治大学のラグビーで、重戦車フォワードがよくこの認定トライを取っていた。

それはそれとして、ここでの認定バカとは、ほんとはバカじゃない（かもしれない）のに、わたしがわたしの好みで極私的にバカに認定することをいう。

そこで、認定されたひとには申し訳ない。わたしにしても、バカだねえ、くらいのつもりである。

ある店でこういうじいさんを見た。

左右で黒と灰色にわかれたハンチング、茶のサングラス、顔はわりと小顔、流行りの口ひげ（こっちは白）に流行りの顎ひげ（こっちは黒）。

上は水色の格子柄のシャツ、その下に青色のハイネックのシャツ（首回りには英字）、下はカーキ色のズボン、裸足に茶のスポーティな皮靴。体躯は小柄。

じっくり観察してしまった。

年の頃は六十五歳、プラスマイナス五歳くらいか。じっとスマホに見入っている。上辺だけは現代風である。

こういう恰好をしたじいさんがいたんですよお。今風にいえば、〝イケオジ〟か。

ナーニー？　やっちまったなあ！　じゃなく、まだかれはなにもやってはいない。

雑誌『レオン』のジローラモ風といったらわかりやすいか。

で、向かいに女性が座っている。

背中しか見えないが、金髪がかった茶髪、腹部がでるほど短い上着、ジーンズの短パンを履いて、堂々の生足美脚。ヒールが高いコルクのサンダル。

後ろから見る限り細身の妖艶風な女性である。

もしかしたらよくあるように、老人に若い女か、と思ったが、結果ちがった。

彼女が席を立ち、戻ってくるときに見たが（そりゃ、見るわな）、年の頃は男とどっこいどっこいだった。うん、期待以下。どんな期待をしていたんだ。

こういうカップルがわが町のドトールにいたのである（いたんですよお、と書きたくなるが、もういいわ）。珍しいので、まじまじと見てしまったのである。

赤坂や六本木や、テレビ局がある業界人の多い街などでは、もっととんでもないおやじやじいさんがいるのだろう。

しかしどんな格好をしていようと、上辺（表面）だけである。

裸に剥いてみなさい。皮膚はたるみ、腹が出たおやじやじいさんに過ぎない。ボディビルをやっているじいさんでも、残念ながらじいさんの筋肉なのだ。

わたしはここのところ、すぐその人間の肩書を剥ぎ、地位を剥ぎ、服装を剥ぎ、容貌を剥いで、ただの人間（ただの男や女）にして、本人を見る癖がついている。

で、このカップルは、無害ではあるが、こう見せたい、こう見られたい、という作為が作為倒れをしているものの、認定バカ1号に指定させていただいた。

二〇二一年、京王線で人を刺し、放火した事件を起こした男がいた。

この男は映画バットマンの「ジョーカー」に魅入られ、紫のスーツで決めていたのである。犯行後、電車の座席に座り、余裕を見せてたばこを喫ったはいいが、慣れてないらしく、ただ吹かしていただけなのがとんまだった。

認定バカ2――じじいが体を自慢してどうする

抗齢というのか、じじいのたるんだ体になるのが嫌で、体を鍛え、若い筋肉を維持したがる一部の高齢者がいる。

テレビのCMを見てたら、やたら筋肉を誇張しているおやじが出てきた。一瞬、俳優の筧利夫かと思った。かれは昔、少林寺拳法をやっていた。が、ちがった。

長渕剛だ。

シックスパッドのCMだったか（その後、このCMを見ない）。

とても六十五歳（当時）とは思えない。「今日もいい天気だ　みんな頑張ろう!!」の文字が画面に出て、どこかの川沿いで撮ったらしき上半身裸の自身の姿を公開している。

自慢のショットなのか？　肩から上腕二頭筋にかけてぶあつく隆起している。まさしく、これぞマッチョという体型だ。

フォロワーからは「若々しくて素晴らしい」「兄貴、眩しいぜ！」「かっこいい」「すごい」「長渕剛さんマッチョ」「なかやまきんに君に似ててカッコいい」「ヤバイヤバイヤバイヤバイ」など、驚きと賞賛の声が続々と上がっている。今頃「兄貴」って。

キャップを後ろ前にかぶり、どうだといわんばかりの輝く笑顔。肩と上腕が前面に出ているが、大胸筋や腹筋はわからない。

いまはまだいい。七十までは六十代の心身の貯金でいける。

しかし七十五、八十五になるとどうか。

時々、テレビでスーパーじいちゃん特集などがあり、八十五歳のボディビルダーや、一〇〇メートル走九十歳代の部の世界記録保持者とか、を見ることがある。

まあいい体かもしれんが、所詮じいさんの体だ。本人がどうだ！　といわんばかりにポーズを取るのだが、それが痛々しい。

年寄りはなにごとにも自慢をしないほうがいいのではないか。

そこから一切脱落しているのが、まっとうなお年寄りだと思うのである。

老人の皆さんは、なにに焚きつけられているのか知らないが、いろいろなことをやりすぎなのだ。自然が一番だ。

認定バカ3――その他のおやじ

今年の夏は、また半ズボンじいさんを数多くみた。老人ばかりではないのだけど。暑いから半ズボンを穿いてるのがなぜ悪い、というと、悪くはないのである。しかし暑ければすぐ半ズボン、暑ければ子どもみたいにすぐアイス、暑ければ女子高生みたいにすぐハンディファン、というのがバカである。

なかにはポロシャツのえりを立ててるじいさんがまだいる。

さすがにタトゥーを入れてるじいさんはひとりも見ないなと思っていたら、上腕のところに入れているじいさんを見た。Ｔシャツに野球帽だが、ワイルドを気どったいきり型のおやじだった。まあこれくらいのじいさんはいるだろう。

以下、認定バカを列挙する。

スポーツ番組の司会に芸能人やタレントを使うバカ。テレビ東京の柔道の小泉孝太郎、おなじく卓球の福澤朗元日テレアナウンサー（いつまでもジャストミート）、テレ朝の松岡修造（うそくさい明るさ）はもう見たくない。

日本テレビのラグビーの上田晋也もうるさい。日テレ・テレ朝共催のバスケットボールの広瀬すずと田中圭が邪魔だった。

タレント兼歌手の「あのちゃん」が正しく指摘していたように、自分の贔屓チームにパワーを送るとかいってるバカ。「さあ、みなさん、みんなでパワーを送りましょう」といってるバカアナウンサー。

贔屓チームや個人選手の優勝を、自分はなんにもしてないくせに、自分の手柄のように大騒ぎをするバカ。

わたしは、オリンピックや世界大会が好きだが、陸上競技のメダリストが馬鹿の一つ覚えのように、国旗を背中に背負うのが好きでない。

オリンピック種目に「ブレイキン」「ｅスポーツ」「スケートボード」「パルクール」などを入れるバカ。ただの遊びではないか。

二〇二八年のロサンゼルス・オリンピックでは、「ＳＡＳＵＫＥ」に似た競技を入れるという。もう五輪なんか、やめてしまえと思うが、これが始まると見てしまうのだ（あと四年後か、微妙だ。今年のパリは大丈夫だろう）。

ネットに「××さん、第二子の妊娠を発表」「△△さん、結婚を発表」などが頻繁に出る。だれなんだおまえは？　勝手に発表するんじゃない。

ギネスの世界記録に挑戦、というのがバカである。

百一歳でフルマラソンに挑んでいる老人がいる。ギネス挑戦だという。やめたほうがいいと思うけどな。達成できたとして、なんの意味があるのだ（ミシュランの星、流行語大賞、M‐1グランプリ優勝なども、どこがありがたいのかと思う）。日本各地でも町や学校や学級で、市民や先生や生徒が世界記録を狙うようになった。大分県竹田市といえば、わたしが育った町だが、久住町《くじゅうまち》の市民千人が全長四キロの流しそうめんに挑み、世界記録を更新したという。

これ意味あるのか。遊び心だよ、とか、町おこしとかいわれるが、もうギネスに挑戦なんてことはやめたほうがいい。

もう人生の幸せは食にしかない、というように、なんてこともない食べ物に何時間も行列に並ぶ人がバカである。朝五時に起き、何時間も車を飛ばしてやって来るのだ。

関係ないが、犬に窮屈な服を着せて悦んでいる飼い主がバカである。

「タイパ」（タイムパフォーマンス）とか「サブスク」「マイナ」「エンタメ」などの略語を使う連中が気に入らない。「キャッチー」や「ルッキズム」という言葉も好きでない。

わたしは、焼肉は、以前ほどではないが好きである。

歌も好きである。自転車に乗って、演歌も洋楽も口ずさむ。

だがくどくいっているが、「バーベキュー」は嫌い、「カラオケ」も嫌いである（ついでにいえば「サウナ」も）。まずはこの語感が好きではないということがある。

それに、山や海といえば、もう一も二もなく「ＢＢＱ」というのが嫌だし、カラオケで人に聴かせるという意識が嫌である。

いずれも作為がわざとらしく、いやらしいのだ。

わたしもこんなことはいわなければいいのである。以前、酒の「シメ」という言葉が気に入らんと書いたら、反発された。

バーベキュー好きな人、カラオケ好きな人、サウナ好きな人には申し訳ない。あなたがたはほんとうは悪くないのである。わたしが勝手に敵を増やしているのである。

ＮＨＫの「ドキュメント72時間」という番組で「さらば、呑んべ横丁」という葛飾区立石で撮った番組があった。

もう狭い飲み屋に常連の老若の男女が詰めかけ、当然のごとくカラオケをかけ、みんなで声を張り上げて歌っている。

これが正しい日本人の姿である。全国の飲み屋、スナック、カラオケ店で毎晩繰り広げられている光景だろう。しかし、わたしはこういう光景が羨ましくないのである。

たまにテレビで、ローマ字だけのグループ名の音楽を耳にすることがある。もちろん、ほんの数秒か十数秒か。テレビＣＭの後ろに流れる音楽も耳に入る。

これらのほとんどの音楽が、わたしには雑音ないし騒音にしか聞こえないのである。しかしいまの若い人にはこれが大人気だと聞く。まったくわからない。

こうしてみてみると、わたしはただの古臭い保守派にすぎないのではないか、という気がしてくる。いや現在では、まちがいなくそうである。

まあ、それでも全然いいのだが。

ホテルの朝食はバイキングの場合が多い。わたしたちは、食べなきゃ損だとばかりに、何回も皿をもってうろうろする。

そういうときに、トーストとコーヒーだけでゆったり英字新聞を見ている年配の外国人を見ることがある。

外国人にもバカは山ほどいる。たとえば、跪《ひざまず》いて結婚のサプライズ・プロポーズをするやつ。なにがうれしいのか。

しかしこんな簡素な朝食の外国人を見ると、負けたなと思う。「権利」や「放題」や「損得」に引きずられない、こういうところは明快だなと思う。

最後にわたしが認定する「共感する人（話）」をひとつ。

所ジョージが、「世の中の人は色々なものを混ぜようとする。ぶり大根とか。あれはぶり大根で美味しくなってると思ってる？　大根を魚臭くして大根の邪魔をして、ぶりに大根の匂いをくっつけて魚の邪魔をしてるだけじゃん」といった。

すかさず、画面には「個人の見解です」の文字。番組（局）が慌てているのだ。バカが。所、なおもつづける。

「肉じゃがもそうだよ、あれで豚の味感じる人いる？　全部おなじ味だろ」

おなじ司会の田中卓志が苦笑気味に、「肉じゃがとぶり大根、否定してる人初めて見た」といっていたのがおかしかった。

「ぶり大根」なにがうまいのだ。おふくろの味というとすぐ「肉じゃが」とかいうが、なんだあれ？

第6章　海辺のじいさん

海辺のじいさんはもういない

自分で書いておきながら、なんだ、海辺のじいさん、って。

どの章タイトルもそうなのだが、格別の意味はない。ただ、イメージはある。

わたしが、老人と聞いて思い浮かべるのは、小津安二郎の「東京物語」である。とくに笠智衆と東山千栄子の老夫婦が、熱海の騒々しい安旅館で眠れず、翌朝、浴衣姿で海岸の堤防にふたり並んで座っている姿である。

そのシーンに、老夫婦の寂寥を感じるのだ。

年をとるとはこういうことだ、と。

なにかと印象深い映画である。ご覧になった方も多いことだろう。

末娘と三人で暮らしている老夫婦が、尾道から東京の子どもたちに会いにいく。長男（山村聰）は町医者。長女（杉村春子）は小さい美容院経営。

老夫婦はいつまでともいわず、二人の家に居続ける。長女と長男は内心迷惑に思い、二、三日、両親を熱海の旅館に体よく追いやる。

子に疎んじられているのだが、老いては子に従えの倣いか、折角のはからいに悪いと思ったのか、それに従う。

もう筋を書くのもめんどうで、読むほうもめんどうだろう。

手っ取り早くいうと、この旅館が、昼間は静かだが、夜になると社員旅行の連中が隣の部屋で麻雀をして騒ぐわ、話し声がうるさいわ、外では楽団が歌謡曲を歌うわで、この映画は一九五三年（昭和二十八年）に公開された作品だが、当時の熱海はこんな旅館が一般的だったのか、と思うほどひどいのだ。

『東京物語』（1953、松竹）

たまったもんじゃないが、それでも夜が明けて、堤防のシーンになるのだ。

ふたり並んで座っている。

時間にして一分くらいの場面である。

「そろそろ（尾道に）帰ろうか」

子どもたちが疎んじてる態度には気づいていた。しかし、欲をいえばきりがない。「わしらは、まあ、ええほうじゃよ」「ええほうですよ」「まあ幸せなほうじゃ」

尾道に帰る。妻が急死する。六十八歳。

妻が死んだ朝。老いた夫は、海辺でひとり夜明けを見ていた。

小津安二郎は、どうして穏やかな老人ばかりを描いたのか。

戦後まもなくの、まだ家父長制が強い時代だったはずだが、小津は、強圧的な父親を描かず、万事控えめで、子に遠慮し、気を遣う穏やかな父親を描いた。

小津の描く父親は、どんな意味でもネタにならない老人である。それが小津にとっての父親の原型だったのか。

どこまでも普通の老父である。映画にならないような存在を、映画で描いた。フツーですごくないのである。フツーのままだ。

そういう老人が小津は好きだったのだろう。

とはいえ、このとき小津は五十歳。笠はなんと四十九歳だ。ふたりとも老け顔である。ちなみに東山は六十三歳。妥当だ。

ラストシーンで、末娘（香川京子）が、葬儀でひとり残った義姉（原節子）に、母親の死そっちのけで形見分けを欲しがった長女の態度について、詰《なじ》るようなことをいう。

しかし義姉は、「でもだれだってみんな、自分の生活が一番大事になってくるのよ」と、やんわり長女を擁護する。

末娘は納得しないながらも、あきらめたようにいう。「いやね、世の中って」。義姉が応える。「そう、いやなことばっかり」

印象深いセリフではないか。そう。文明のケチな進展により、徐々にいやな世になっていく。純朴な海辺のじいさんはもういない。

「まあ、これも定めじゃ」と思えるか

あまりにもバカ、バカといいすぎて、いい加減、嫌になられた方が多いのではないかと思う。せめて最終章くらいは、ホッとした気分になってもらいたい。

フリー映像作家の信友直子さんの、広島の呉市に住む母文子さんがアルツハイマー型認知症と診断されたのは二〇一四年、八十五歳のときだった。父親の良則さんは九十三歳。

三人家族だが、直子さんは東京で一人暮らしをしていた。

母親の異変に直子さんはうろたえるばかりだったが、彼女が感心したのは高齢の父親良則さんの「何事にも動じず飄々と受け止めている姿」だった。

わたしも、すごいものだと感心した。なんといっても九十三歳だ。

こういうとき、世の夫たちのほとんどは、どうしていいかわからず、途方に暮れるのではないか。「どうすりゃいいんだ?」とか「めんどうみるのは無理」「おれにはできない」

と泣き言をいうのが一般的だと思われる。

わたしも自信はない。七十六なのに。

しかし良則さんはそうではなかった。まだ海辺のおじいさんはいたのだ。

「（父は）母のできなくなった家事を自然に引き継いで自分でやり、洗濯をしたり料理をしたり、遂には裁縫まで……。それも嫌々ではなく、鼻歌を歌いながらやっている」「今まで包丁なんて持ったこともなかったのに、危なっかしい手つきながら母の好きなリンゴを剥いてやる」（信友直子『ぼけますから、よろしくお願いします。』新潮文庫、二〇二二。以下同）

良則さんとわれわれ泣き言派をわけるのはなにか。

かれは「嫌々ではなく、鼻歌を歌いながらやって」いたのだ。泣き言派とこの差は、ものすごく大きい。

おそらく、最初の一歩、の踏み出し方がまったくちがうのだ。

良則さんは、よっしゃ、わしがめんどうみよう、と思ったのだ。

わたしたちの多くは、えらいことになったぞ、おれには無理だな、と思うのだ。

そしてこの一歩のちがいの背後には、良則さんの全人生と、われわれの全人生のちがいがあるのである。

しかし泣き言派のこの感想は、ごくふつうだと思う。なんせ九十三歳なのだ（八十歳だとしても)。無理だと思ったとしても、だれも責めはしないだろう。

たぶん良則さんは若いころから、何事においても、おそらく最初の一歩を間違えなかった人である。

「母がうどんを食べたいと言えば、いそいそと買いに行って作ってやる」「母の下着まで洗って、母がやっていたのと同じ畳み方で畳んでやる」

男の鑑、夫の鑑である。

と、おざなりの言葉でわたしは済まそうとしている。

良則さんはきっぱりとこういっている。

「まあ、これも運命よ。定めじゃわい。おっ母には今まで、家のことをようしてもろうたんじゃけん。おっ母がおかしゅうなったんなら、今度はわしが代わりにしてやらんと、しょうがないじゃろう」

この覚悟がすごい、というのも大げさであろう。良則さんに、そんなもんじゃないよ、ただそう思っただけじゃ、といわれそうである。しかしこの一歩が決定的だ。

だんだん文子さんの容態が重くなり、ヘルパーにきてもらおうとする直子さんに、良則さんはこういった。

「わしにも男の美学があるんじゃ。わしが元気なうちは、人の世話にはなりとうない。おっ母の面倒くらい、まだわしがみられるわい。家の中に人が入ってきたら、わしもおっ母も気を遣うけん、お断りじゃ」

けれどいつまでもそういうわけにいかず、やがてヘルパーにも介護士にも世話になることになる。が、そうなったらなったで、社交的な二人はすんなりなじんでなんの問題もなかったのだ。

凄すぎるじいさんは普通のじいさん

結局、人はそれぞれのやり方でやるしかない。環境も身体的条件もちがうのだ。

良則さんみたいな人もいる、ということを知って、ほお、すごいじいさんもいるもんだなあ、と驚くだけでいい（オレも頑張ってみるか、と思えるならなおいい）。

直子さんにとっては、生来、楽天的で明るい両親だったが、そのままでいけるはずもない。

文子さんはやがて「お母さんはもう、ばかになってしもうたんじゃけん！　じゃけんもう、この家におらん方がええんよ。あんたらに迷惑かけるだけじゃけん」「私はもう死んだ方がええんじゃ。殺してくれ！」と騒ぐようになる。

母親が泣いたり怒ったり、かと思えば急に無邪気になったりと、意志の疎通ができにくくなる。

直子さんは本音を書く。

「ホンネを言えば、私は今の母をもう、努力しないと愛することができません。ひどい娘だとは思いますが、今の母を心から愛するには努力が必要だと、認めざるを得ません。昔の大好きだった母の思い出が、今の壊れてしまった母に上書きされてしまうことが嫌で、今の私は、母と真剣に向き合うことから逃げている、適当に受け流しているのだと思います」

正直である。

子は一度は親を（とくに父親を）疎んじ、見下すことがある。わたしにも覚えがある。しかし親は子に対して、そんなことはしない。

直子さんは以前から両親の姿をビデオカメラで撮っていた。発病後もそれはつづいた。ひょんなことからそれをテレビで発表することになり、他のカメラマンを入れて新しい映像を加えることになった。

それが二〇一六年九月、フジテレビ「Mr.サンデー」で放送された（わたしは見ていない）。そのなかに、良則さんが声を荒げる場面があった。

文子さんが「私はもう死にたい！　包丁持ってきてくれ！　みんなの邪魔になるけん、死んじゃる！」と叫び続ける。

すると、いつも穏やかな父親が突然爆発して、「ばかたれ！　何をぬかすんな！　そがいに死にたいなら死ね！」と怒鳴ったのだ。

直子さんはおろおろしながらも、一方で「すごい映像が撮れてるぞ！」という「高揚感も抑えきれ」ない。

これまた正直である。気持ちもわかる。しかしこれが人間の浅はかさだ。

仕事に毒されているのだ。「すごい映像」？　そんなものになんの価値がある？

自分の力が発揮できた。作品として成立した。希少な場面で、作品が締まった。他人から賞賛される。たったそれだけのこと。

文子さんは二〇一八年九月、脳梗塞にかかった。

認知症になった六年後、二〇二〇年六月に文子さんは亡くなった。九十一歳だった。死の間際、九十九歳の良則さんが文子さんの手を取って（偉い）、こういったという。

「おっ母、今までありがとね。あんたが女房で、わしはほんまにええ人生じゃった」「わしもすぐ行くけん、あんたは先に行って待っとってね。またあの世でも仲良う暮らそうや」

ほんとうに口に出してこういったのか？　いったのだろう。こういう人がいるのだ。わたしには絶対にいえない。

「わしもすぐ行く」といった良則さんは、現在もご健在のようである（調べてみたら、なんと呉市と協力してユーチューブをやっている。一〇三歳か）。

若き日の良則さんは高校に進学して英語を学びたかったが、広島の陸軍野砲隊に引っ張られた。

直子さんが、人生で一番悲しかったことはなに？　と訊くと、竹馬の友だった友人の戦死を挙げた。大変な秀才だったが、ミッドウェー海戦で戦死した。良則さんは、自分が生き残ったことに罪責感をもった。

「わしは無念が多いんよ。あんた（直子さんのこと……注）にはそうな思いをさせとうない。せっかく、好きなことができる時代に生まれたんじゃけんの。わしはあんたが好きなことを仕事にして頑張りよるのを見たら、自分が報われたような思いがするんじゃ」（『ぼけますから、よろしくお願いします。おかえりお母さん』新潮社、二〇二二。以下同）

かれはまるでフツーの人である。しかしそのフツーがすごいのだ。

そんな父のことを直子さんはこういっている。

「真面目一辺倒の堅物で、よその家のお父さんみたいに外でお酒を飲んだりはおろか、賭け事をしたり、女性関係があったり、なんて色っぽいことは皆無。平日は家と会社を往復するだけ、休日は家で本を読んでいるだけの、地味としか言いようのない人でした」

「地味」で大いにけっこうである。

良則さんがつねづねいっていること。「わしの人生、付録の人生にしては上出来よ。おっ母みたいなええ女房に会えて、ええ子にも恵まれたけんの。これ以上望むことはないわい」「わしゃ多くは望まんのじゃ。これ以上望んだらバチが当たるわい」

定年になったら、良則さんは再就職の話も断り、あっさり退職した。そしてＮＨＫの語学講座や、妻との国内旅行など、やりたかったことをはじめたという。

最後の一歩、そしてやはり最初の一歩が明確だ。

老後なんてどうでもいい

現在の老人の関心は、老後をいかにして楽しくすごすか、ということのようである。

和田秀樹の、社会的・医学的な思い込みの制約はできるだけ気にせず、「あるがままを受け入れて、いまできることを楽しみながら、自分らしく生き」るほうがいい、という考えが主流になりつつあるようだ（和田秀樹『80歳の壁』幻冬舎新書）。

わたしも基本的にはその考えに賛成である。

だが考えてみれば、そこそこの老後資金があり、体がまずまず健康ならば、そもそも老後なんて問題はないのである。

それを、生きがいは？　とか、趣味は？　人付き合いは？　といってもしようがない。勝手にすればいいのである。いつぼけるか、いつ体を壊すか、わからんじゃないか、などといいだしたらきりがないのだ。

芸人やタレントがものを食べては「うますぎる！」とウソをつく。うますぎるものなどあるわけがない。うまいものしかない。

バカすぎるものはいる。その反対に、すごすぎる人間もいる。

良則さんは、すごすぎる人である。かれのような人は、そんじょそこらにはいない。けれど、かれは普通の人である。すごいが、フツーなのだ。

自分の嫌なことは人に強制しない、人の自由を尊重する、自分は過剰にものを望まない、そういうフツーのことを若いころから、実践してきた人である。

直子さんはこう書いている。

「父の人生観には、一貫してある種の諦観があるように思います。亡くなった戦友に申し訳ないから、あまり幸せになるのは気が引ける。そこそこの人生でいい。ただ、大切な妻と娘とささやかな暮らしが続けられれば、それでいいのだと」（『おかえりお母さん』）

そのとおりだと思う。

人それぞれである。生まれた環境も、生きてきた時代も、健康状態もちがう。ひとりとしておなじ人間はいない。

しかし、それぞれの範囲以内で、良則さんのような人になれればいうことはないではないか。このような考えをもてるようになるなら、文句はないではないか。そして、このような人生を送ることができるなら、これ以上なにを望もうか。

人間は、ひとはいかに生きるべきか、に悩み、哲学を生んだ。宗教も作った。

一生、修行に捧げる宗教者がいる。が、逆に宗教が人間を苦しめている。バカなことに、人間よりも宗教の教義のほうが大事だというのである。

ほんとうは宗教より、金儲けが大事なのだろう。こんな連中ばかりだ。ちょっと前には、鯨やイルカのほうが、人間より大事というバカ外国人もいた。

人間の意味を問い、人生の意味を問い、しあわせとはなにかを考えて、宗教者は修行する。哲学者は一生勉強をする。

悩んでいるのは普通の人間なのに、その普通の人間には、一生かかっても読めない難解な宗教書や哲学書がある。そんなものに、なんの意味があるのか。

哲学者や宗教者は、勉強や修行の結果、どんな人間になっているのか。

一皮むけば、俗物中の俗物がいるのではないか。

信友良則氏を超える人はいるのか。

かれは数学や、語学や、手術や、音楽が専門にできるわけではない。特記すべき特技の持ち主でもない。

なんのネタも持っていない普通のおじいさんである。しかし宗教も哲学も関係なく、普通の人間は、かれのような人になれるのである。

良則さんは読書が好きらしいから、そういった本を読んだかもしれない。しかしかれは、自分で自分を作ったのだろう。最も理想的な自己教育である。

「人断ち」と、ニュース断ち

アメリカが「9・11」(二〇〇一年)に襲われた日、堤未果はツインタワーに隣接する世界金融センタービル二〇階にある米国野村證券に勤めていて、惨劇を目の当たりにした。だけでなく、身をもってあの阿鼻叫喚を体験した。

人が一生に一度も体験する必要のない「地獄」を見たのである。

それからのアメリカは狂気だった。

政府は「対テロ」を最優先し、社会は恐怖をあおった。アメリカは一夜にして根底から変わってしまった。

人々は争って銃を買った。あらゆる表現手段が監視の対象になった。対テロ政策にすこしでも懸念を示した者は、連行され、解雇された。大した証拠もないのに、大量のテロ容疑者が拘束された。

どんな国もいざとなればおなじだ。集団発狂する。

堤はストレスとＰＴＳＤに襲われた。「外に出るのが怖く」なった。ついには仕事を辞め、帰国した。「人と会うことも嫌になっていた」

母親が荒行を成し遂げたというお坊さんのところに連れていってくれた（比叡山か大峰山の千日回峰行者か）。

その僧侶は「心が動かなくなっているのは、情報が入りすぎているからです」といい、「人断ち」をするよう勧めてくれたという。

「それは、一定期間、徹底的に外部とのコミュニケーションを断つというものでした」

人とも会わない、電話もファックスもメールもパソコンも禁止。本も読まず、テレビも見ない。

「こうして私は、静寂と孤独の世界で過ごすことになったのです」（堤未果『堤未果のショック・ドクトリン――政府のやりたい放題から身を守る方法』幻冬舎新書、二〇二三）

わたしはここまで読み、なるほど、「人断ち」という方法があるのか、と思った。

堤は「誰とも会わず会話せず、毎日朝起きて身体を動かし、毎週1回配達される食材で作ったご飯を一人で食べて、神社に散歩に行き、またご飯を食べてお風呂に入って寝る、というシンプルな暮らし」をつづけた。

最初に湧き上がったのは「情報が欲しい」という「飢餓感」だったという。「外の世界で何が起こっているのかがわからないことが、不安でたまらない」。「誰かとつながりたい」という「欲求」も「高まって」いく。

考えてみると、この欲求は大量の情報漬けによって、いつの間にかわたしたちの脳のなかに作られたものである。

しかし、十日ほど過ぎたころから変化が起きた。「体感」が戻ってきた。

自分の手の温もり、立ったときに足の下にある地面、さらさらと風にそよぐ葉の音に、鳥たちのさえずりに虫の羽音、木洩れ日のきらめきや、朝と夜の空気の密度と匂い、道端のたんぽぽの鮮やかな黄色……。まるで、今まで一時停止していた五感が、再び

動き出しフル稼働し始めたかのようでした。（前掲書）

彼女は食事の「一口一口を全身で味わい」、「いただきます」という日本人の「言葉の精神性」さえ「胸の奥深くに浸透」していった。

そのうち情報を探そうと必死にならなくても、「必要な情報は向こうから入ってくる」ようになったと書いている（どういうこと？）。それ以前は、「追い立てられるかのように」自分から情報を探した。

けれど「9・11」以後、情報は検閲され、自由は奪われ、かわりに国民を煽り、誘導する情報ばかりになってしまった。

回復した堤未果は、ジャーナリストになる決意をした。情報を待つのではなく、自ら探し、発信する側になろうとしたのである。

ここで、べつに堤がジャーナリストになった動機・経緯を書きたいのではない。

彼女が「人断ち」をして、人間としての五感を回復したことに関心があったのである。

わたしたちも余計な人間の「人断ち」をしていいし（すべきだし）、不要なニュース断ちをしてもいいのではないか（すべきではないか）、と考える。

「つながる」だの「絆」だのといわれ、情報をより多くつかんだものが成功し、それができない人間は情報弱者だと見下される。全部、マスコミでいわれていることだ。

それでも若い人には、無理な人付き合いは不要だし、ゴミみたいな情報は極力避けたほうがいいといいたい。精神の健康にいい。

わたしが現在付き合いのある人は数人である（メールや年賀状の付き合いをいれても十数人）。意味のないテレビのニュースは、不快になるだけだから、すぐ変える。しつこくいうが、現在流されているニュースの九〇パーセントは不要である。

おあつらえ向きというわけではないが、これを書いているとき、埼玉で八十六歳のバカ老人が拳銃を持って郵便局に立てこもるという事件が起きた。

日本テレビのFアナウンサーは解説の元刑事に、犯人はなぜ拳銃を持っているんでしょうか？　なぜ病院から郵便局に行ったんでしょうか？　と訊いた（このFが、また「好きな男性アナ」の首位に返り咲いたという。ウソだろ）。

バカ者が。犯人に訊け。テレビ局はこんなとんまなやつばかりである。なんでもかんでも解説者を呼ぶんじゃない。

しかしこの事件も、男が逮捕された時点で終わりだ。

ところがテレビ・マスコミの恒例で、翌日も、三日後も、動機がどうしたとかやっている。バカ者が。だれがこんなくそじじいのことを詳しく知りたいか？

七月、札幌で若い娘が犯した首切り事件があった。娘の家族も巻き込んだ猟奇事件で、大喜びして興奮したテレビは、せっかくのおいしい事件だからもったいないと、一か月経っても延々やっていたのだ。

まったく。だれがいつまでも、そんな犯人の家族のことを知りたいか？　ニュースの九〇パーセントは不要だ、という所以である。

新聞、テレビ、ネット、週刊誌は、「報道」だ「取材だ」と生意気なことをいって、日々ゴミみたいなニュースを量産している。

われわれはそれを当たり前のこととして受け取るが、こんなニュースはいらないのである。これが「報道」という美名のもと、まともな「仕事」とみなされているのである。それどころか、特権的な仕事とさえみなされている。

わたしは、つまらない仕事をするんじゃないと思うが、「ニュース」は絶対になくならないから、ただただ不快なだけのニュースは、こちらから「ニュース（情報）断ち」するしかないのである。

いまテレビで一番見たくない出演者は芸人だ。次に浮かれてる男女のアナウンサー。しかしかれらを避けていると、ほとんど見るものがなくなるのである。

テレビそのものを見るのをやめればいいのだが、そこがわたしの弱点である。

「砂漠の星」という神の花

わたしは刑事小説作家マイクル・コナリーの「ボッシュ刑事シリーズ」が好きなのだが、作家も主人公も老けてきた。コナリーは一九五六年生まれの六十七歳。元ロサンゼルス市警刑事、現ロス市警未解決事件班の刑事ヒエロニムス（ハリー）・ボッシュは七十三歳である。

ボッシュも年老いて、考えることが、悲観的になっている。

> ……兵役と警察に勤めていた歳月を数えると、ボッシュは半世紀以上、不自然な死因を目にしてきたことになる。人類が同類に与える悪行と残忍さを見るのに慣れたとは言いがたいが、そうした暴力の爆発を逸脱行為として考えるのを止めて久しかった。人間の善良さを信じる気持ちをほぼ失っていた。ボッシュにとって暴力は常軌を逸するものではなかった。それは常軌だった。
>
> 厭世的《えんせいてき》な世の中の見方だとボッシュはわかっていたが、五十年間、血まみれの戦場であがいてきた結果、ほとんど希望は残っていなかった。

（マイクル・コナリー『正義の弧(上)』講談社文庫、二〇二三）

警察官や軍人などが経験した生生しさの実感はないものの、わたしも五十年間、「人類が同類に与える悪行と残忍さ」を、文字で、写真で、映像で見てきた。

そんなこんなで、ボッシュよりも年老いているわたしは、かれの「厭世」感がよくわかる。わたしの場合、厭世にさらに人嫌いが加わっている。

というより、人嫌いだから厭世的になったのか。

ボッシュは、昔一緒に事件の捜査をしたことのあるベト・オレステス郡保安官と、ラスベガスの砂漠で再会する。

「ボッシュは立ち上がり、ズボンの埃《ほこり》を払った。ここでの用は済んだ」

そのときオレステスが、一輪の花を摘んで、こう語るのである。

「こんなにも美しい花がこの場所に存在できるなんて、なかなか信じられない」オレステスは言った。「この世に神はいないと人は言うが、おれに言わせれば、神はまさにここにいる」

（略）

「その花がなんなのか知ってるか?」ボッシュは訊いた。

「もちろんだ」オレステスは言った。「砂漠の星《デザート・スター》(*)と呼ばれている」

ボッシュはうなずいた。その花が地上に降りた神であることに納得はしていなかったが、オレステスの言い分は気に入った。

(同)


(*)砂漠の星《デザート・スター》　学名 Monoptilon bellioides

砂漠の星〈デザート・スター〉
(ジェプソン植物標本館)

事件を自分なりのやり方で解決したボッシュが、上司の年若い女性刑事レネイ・バラードとつぎのような会話をかわす。


……バラードはあたりを見まわし、遠くの稜線《りょうせん》と塩田を確認し、ふたたび足下の花に視線を戻した。

「砂漠にすばらしく美しいものがあることを忘れてしまいがちね」バラードは言った。

ボッシュはうなずいた。

「そしてこの花、みごとね」バラードは言った。

「砂漠の星《デザート・スター》だ」ボッシュは言った。「このめちゃくちゃな世界における神の徴《しるし》だ、と言った男を知ってる。灼熱《しゃくねつ》と冷気に対して、生きるのを止めさせたがっているあらゆることに対して、果敢であり、恢復する力を持っているんだ」

バラードはうなずいた。

「きみのようにな」ボッシュは言った。


（『正義の弧（下）』）


ウクライナやガザやイスラエルの市民は、この神の徴「砂漠の星」を信じられるか。なおも「果敢であり、恢復する力を持っている」だろうか。

人間はよほどのことがないかぎり、絶望しきることができないのかもしれない。

どんな状況にあっても、一本の藁をつかもうとする。

アウシュビッツの囚人も、収容所の片隅に一輪の小さい花を見つけて、束の間、心がホッとすることがあったかもしれない。そういうことは信じられそうな気がする。

年老いたボッシュもまた、バラードというひとりの若い人間を信じたがっている。

単純な生活――「杜子春」でいい

いままで読んだことのなかった芥川龍之介の短編「杜子春」を読んだ。富のあるところに集まり、富のない人間には見向きもしない人間の浅ましさに愛想がつき、人間らしく生きることにした杜子春の生き方を描いたものである。

鉄冠子という仙人が、杜子春に「お前はもう仙人になりたいという望も持っていまい。大金持ちになることは、元より愛想がつきた筈だ。ではお前はこれから後、何になったら好いと思うな」と訊く。

杜子春は純朴に「何になっても、人間らしい、正直な暮しをするつもりです」と答えるのである（芥川龍之介『蜘蛛の糸・杜子春』新潮文庫、一九六八）。

「人間らしい、正直な暮し」か。いいなあ。還っていく場所は、つねにここだ。

いまどき、日本でこんな単純なことをいう人がいるとも思えない。

しかしわたしみたいに、もう七十六ともなると、すべてシンプルなものを望むようになる。生き方も暮らしも、である。

「人間らしい」ってなんだ？　「正直な暮し」ってなんだ？　なんてつまらないことは問わないように。問うたところで、いいことはなにもない。

五重塔や一輪の花は、ただ立っているだけで美しい。しかし、ただ生きているだけで美しい人間などいない。

関係のなかで人間のバカが露呈するのであり、関係のなかで人間の美しさが現れるのである。「人間らしい、正直な暮し」とは、そういう人間のことだ。

わたしはもう未知のものを食べたくない。新しいことをしたくない。

レジでわたしの前のおじさんが、なんとかカードを店員に見せ、さらに腕時計をひっくり返してなんかの機械に充てている。フーン。

わたしはジーンズのポケットから小銭を取り出す。店員さんが、何々のカードは？　ポイントは？　とか訊いてくるが、すべて「いいです」。

愛知県の八十五歳になるじいさんが、「85歳でスマホと仲良しになって、楽しさいっぱいです」と投稿をしている。

スマホは話しかければなんでも答えてくれ、わからない漢字もすぐに教えてくれる。薬の効用も教えてくれ、無料のゲームもいっぱいでき、子どもたちは自分の居場所も探してくれる。「高齢者の皆さん、スマホ遊びで人生を楽しみましょう」（「みんなの広場」『毎日新聞』二〇二三・一一・一五）

じいさん、スマホの威力にうれしくなって興奮し、つい投稿してしまったのだろう。

しかし「スマホ遊びで人生を楽しみましょう」は余計なお世話。それに水を差すようだが、その楽しさもすぐ終わる。

そんなことより、わたしが興味をもつのは、沢木耕太郎が『天路の旅人』（新潮社、二〇二二）で描いた西川一三《かずみ》氏の晩年である。

文字どおり、単純な生活を生きた。

沢木が初めて西川一三氏にあったのは、氏が七十七、八歳のときだった。沢木とおなじ一八〇センチほどの体格だったという。

わたしが興味をもったのは、戦時中のかれのモンゴル、チベット、インド潜入記ではない。もしその部分に興味があるのなら、氏の大部な『秘境西域八年の潜行』を直接読めばいいのである。

私の興味は、むしろ、次のような部分である。

「戦争が終わって五年後に日本に帰ってきた西川は、数年をかけて『秘境西域八年の潜行』を書き上げると、あとはただひたすら盛岡で化粧品店の主としての人生をまっとうしてきたという」

実際は、美容室や理容室相手に化粧用具や消耗品を卸す店だったようである。

会話は口数が少ないということはなかったが、自分からそれ以上の余計なことは話さなかった。

沢木との夕食のときも、肴は「もずくと揚げ出し豆腐をお願いします」と控えめだった。

昼は「毎日、同じものを食べています。カップヌードルを一杯とコンビニの握り飯を二つ」。わたしも昼はこれでいい。ちょっと多い。

夜は店の帰りに居酒屋に寄り、「酒を二合」飲む。つまみは「ほとんど食べません」。残念ながら、酒を飲まないわたしは、これはできない。

「三百六十四日」正月以外は店を休まなかったという。

西川氏に「人生を楽しみたい」という言葉はなさそうである。いや、毎晩の「酒二合」が愉しみでもあったか。

氏は二〇〇八年、八十九歳で亡くなっている。氏の単純な生活は、わたしの老人の理念型である。

しあわせの原景

人間は見すぎである。考えすぎである。買いすぎである。食べすぎである。

人は自分で意志してそうしている、と思っている。だがじつは、見せられ、考えさせられ、買わされ、食べさせられている。

しあわせだけが手に入らない。それはそうだ。だれも見たことがないからだ。

だから身近なところでしあわせの実体を探す。もう、あるかないかの、ほんとうのしあわせなんか待っていられないのだ。

かくしてパンケーキを食べてしあわせになり、回転寿司をつまんでしあわせになる。しかし食べ終わるとそれも終わる。

しかし、もうそれでいいらしいのだ。

司馬遼太郎『台湾紀行　街道をゆく40』（朝日文庫、一九九七）。そのなかの「魂魄《こんぱく》」という文章が素晴らしい。

これを読んだだけで、一日しあわせになれる文章だと思った。文章を全部引用したいが、そうもいかない。

夕方、六歳の準《じゅん》ちゃんは、自宅の裏のガジュマルの樹にのぼった。

枝葉の茂みが、ソファのようにやわらかい。

いつもとちがって屋根の瓦の波が目の前にあり、べつな宇宙にきたみたいだった。

本を読みはじめた。

やがてお母さんが勝手口から出てきた。髪をひっつめにして、青っぽい和服を着ている。

「準ちゃん」

と、樹の下で、彼女は遠くにむかって呼ばわった。が、当の準ちゃんは、頭の上の樹の梢《こずえ》にいる。

「ごはんよ、準ちゃん」

お母さんが途方に暮れたまま、

「準ちゃんは、どこへ行っちゃったのかしら」

と、つぶやく。当の準ちゃんは、笑いをこらえて樹の上にいる。

ただそれだけの情景である。

が、田中準造《たなかじゅんぞう》氏は、思いだすたびに涙がこぼれる。きっと幸福すぎる情景だからに相違ない。涙は、とめどもなく出る。涙が出ているあいだだけ、この情景のなかに浸《ひた》っていられる。

（引用はここまで）

この光景がたまらなく好きだ。

この文章を読んで、思い出す話がある。

私事で恐縮だが、わたしの兄の二人の男の子がまだ幼児だったころのことだ。

兄が仕事から帰ってきて、マンションのドアの前に来たとき、いつも中から「ククク」と笑いをこらえきれない子どもたちの声が聞こえてきたという。小さな兄弟は父親に会えるのがうれしいのだ。

これもしあわせの光景だ。しかしその兄も、十三年前、六十五歳で急死した。

「準ちゃん」こと田中準造氏は、台湾の新宮で生まれ、新宮で育った。敗戦で、六年生のときに台湾を離れた。のち、新聞記者になり、結婚した。数年前に定年になった。

しかし定年を過ぎた年になっても、「準ちゃん」はいつもこのしあわせな情景とともにある。

かれは「ひとには優しく、後輩にも丁寧な言葉づかいで接し、つねに譲って我《が》を出さない」。「おだやかな生活人で、唯一の趣味は、自分の奥さんを笑わせることである」

「魂魄」とは、その田中氏がひとりで新宮の町を再訪し、沈乃霖《しんないりん》先生を訪ねたときのことを書いた一文である。

これほどまでに、人間のしあわせの時間の真実を描いた文章を知らない。

このあと、この文章はまだこの十倍以上つづく。そのすべてが、最後の一文字までいい。

奇跡的な文章に思える。

これが本源的な人間だ、とわたしは信じる。

アレキサンダー大王もナポレオンもカエサルも人間である。人は史上最高の英雄はだれかと聞かれ、かれらの名前を挙げる。

質問が愚劣で、答えも愚劣だ。この英雄たちは、人間を無数に殺した連中である。

ほんとうの人間、ほんとうのしあわせは、この母と準ちゃんみたいな関係にある。

必要なのは、人間の元素だけ。

ネタもなにもない普通の人間がいい。普通の、自然な老人でいい。

このような「しあわせ」が最大のしあわせである。そして、日々、しあわせな人は幸いである。

しかしそうではない多くの人も、思い出せば、しあわせはいつもそこにある。

あとがき

「進撃のバカ老人」という章タイトルを思いついたとき、この方式で章立ては行けるかな、と思った。が、タイトルに『バカ老人がゆく』を考えたとき、さすがにこれは『竜馬がゆく』に対する冒涜ではないかと危惧したのである。

しかしこれしきのことで、『竜馬がゆく』が冒涜されるなど、逆にわたしの傲慢ではないかと思い、そのままつけさせてもらった。こんなことで『竜馬がゆく』が微動だにするわけがない。

ではあるが、その後、内容的にも「ゆく」が合わないと感じた。そこで『バカ老人たちよ！』に変えることにしたのである。

その元は、いうまでもないが伊丹十三の『女たちよ！』である。

記憶がひどいことになっている。

わたしが事実と思い込んでいることを、きっぱりとひっくり返されることがあるのだ。

例えば『ＪＩＮ－仁－』というドラマを、わたしはてっきりＤＶＤで見たものだと思い込んでいた。ところが、そうじゃない、ＴＢＳの再放送で見たのだと、弟からいわれたのである。

だって自分自身のことですよ。間違うわけがない。

それを人から（って弟からだが）、その記憶は絶対間違っているといわれるのである。というのもわたし自身が、連載しているネットの記事に再放送で見たと書いているじゃないか、というのである。

で、調べてみた。――ほんとや。

間違いなく、「再放送で見た」と書いていたのである。となると、ＤＶＤで見たというのは、それで感激して、再度ＤＶＤで見直したということか。

これはさすがにまずいのではないか、と思った。

そういうとき、ほかのものでなにか憶えているものはないかと、すぐ試してみることにしている。例えば映画『赤ひげ』で三船敏郎が演じた医者の名前はなんだったか？

と考えたら、すぐに「新出去定《にいできょじょう》だな」と出てくるのである。

大したものではないか。こんなものを思い出せるのだ。それで一安心。

過日、時代劇チャンネルに回してみたら、片岡千恵蔵の『御存じいれずみ判官』（一九六〇）をやっていたので、見た。
懐かしい顔ぶれが次々と出てくるのだ。あ、徳大寺伸だ、あ、月形龍之介、これは木暮実千代、進藤英太郎。これはたしか薄田研二と、自分でも不思議なほど俳優の名前が、まあ出てくるわ出てくるわ。

しかし、ボケはまたこれとはちがうようである。

こんなことを思い出せたからといって、なんの保証にもなりはしない。もうめんどうなので、考えるのをやめた。

司馬遼太郎のモンゴル人の知人に、ツェベクマさんという実直なご婦人がいる。彼女がいう。

「わるく生きるよりもよく死ね、という諺が、モンゴルにあります。夫の生涯をふりかえって、その諺どおりだったと思っています。ブルンサインはわるく生きましたが、よく死にました」

わたしには「わるく生きる」と「よく死ぬ」の意味がわからなかった。しかし司馬の解釈を読んで、唸ってしまった。司馬はこのように受け止めている。

「わるく生きるとは、つらく生きるということだろう。よく死ぬというのは、二十六年間生きわかれしていた妻子に再会し、二人（ツェベクマさんと娘……引用者注）に看取られて死んだ、ということかと思われる」（『草原の記』新潮文庫、一九九五）

またこの本の山崎正和の解説が示唆的である。

「人間の歴史など、ひょっとすると本当はつまらないものではないのか。歴史を作る、歴史に生きると、人類はむきになってきたが、この世には歴史をものともせずに生きる、という生き方もあるのかもしれない」

わたしは東京都内にある会社に三十五年勤め、そこから電車で約一時間のところにある埼玉東部の町に四十年住んでいる。

それで最近気づいた。自分ではまったく意識していなかったが、わたしが描く老人は、「都会の老人」のことじゃないのか、と。

わたしの暮らしは、表面的にはほとんど都会的といっていい。

電子メールを使い、ユーチューブを見、ジーンズと上着と帽子にスニーカーを履き、リュックを背負い、日々、6段変速のクロスバイクに乗っている。駅ビルや大型商業施設をぶらつき、昼食はチェーン店で摂る。

しかし、いまやほとんどの老人が、わたし以上に「都会の老人」だと思われる。わたしはスマホを持たず、だからＳＮＳもしない。車を持たず、支払いはすべて現金払いである。

一般の人間に、あるいは現在の「都会の老人」に、「歴史をものともせずに生きる」という積極性はない。わるく生きるより、よく死ぬものかどうかもわからない。

ＩＴだけが進化し、人間は退化している。

歴史とは無関係に、可能な限り作為なく、よく生き、よく死ねば、それでいいと思う。

それしかできないのではなく、それがいいのだ。

第４章の「財務省は今日もやりたい放題」と、第５章の「これが世界の三大バカ老人だ」の元原稿は、ネットのJBpressに掲載したものである。加筆訂正を施した。

前作『ただ生きる』につづき、今回も夕日書房の山野浩一氏にお世話になった。心からのお礼を申し上げる。

二〇二四年（令和六年）一月

勢古浩爾

著者紹介

勢古浩爾（せこ・こうじ）

1947年大分県生まれ。明治大学政治経済学部卒業。洋書輸入会社に34年間勤務の後、2006年に退職。市井の人間が生きていくなかで、本当に意味のある言葉、心の芯に響く言葉を思考し、静かに表現し続けている。1988年、第7回毎日二十一世紀賞受賞。著書に『自分をつくるための読書術』『こういう男になりたい』（ちくま新書）、『最後の吉本隆明』（筑摩選書）、『定年後のリアル』『自分がおじいさんになるということ』（草思社文庫）、『定年バカ』（SB新書）、『それでも読書はやめられない』（NHK出版新書）、『定年後に見たい映画130本』（平凡社新書）、『無敵の老後』（大和書房）、『ただ生きる』（夕日新書）ほか多数。

バカ老人《ろうじん》たちよ！

2024年3月30日　　第1刷発行

著者　勢古浩爾

発行者　山野浩一
発行所　株式会社夕日書房
〒251-0037　神奈川県藤沢市鵠沼海岸2-8-15
電話・FAX　0466-37-0278
https://www.yuhishobo.com

発売　株式会社光文社
〒112-8011　東京都文京区音羽1-16-6
電話　書籍販売部 03-5395-8116　　業務部 03-5395-8125
https://www.kobunsha.com/

装幀　株式会社湘南社
ロゴデザイン&カバー・扉イラスト　ささめやゆき

印刷・製本　中央精版印刷株式会社

ISBN 978-4-334-10234-0